Análisis y detección de la violencia de género y los procesos de atención a mujeres en situaciones de violencia

Francisco Javier Garrido Ríos

ic editorial

Análisis y detección de la violencia de género y los procesos de atención a mujeres en situaciones de violencia

1ª Edición

Editado por: IC Editorial
c/ Cueva de Viera, 2, Local 3
Centro Negocios CADI
29200 Antequera (Málaga)
Teléfono: 952 70 60 04
Fax: 952 84 55 03
Correo electrónico: iceditorial@iceditorial.com
Internet: www.iceditorial.com

ISBN: 978-84-1184-499-4
Depósito Legal: MA-2837-2024

Impresión: PODiPrint
Impreso en Andalucía – España

Nota de la editorial: IC Editorial pertenece a Innovación y Cualificación S. L.

Presentación del manual

El **Certificado de Profesionalidad** es el instrumento de acreditación, en el ámbito de la Administración laboral, de las cualificaciones profesionales del Catálogo Nacional de Cualificaciones Profesionales adquiridas a través de procesos formativos o del proceso de reconocimiento de la experiencia laboral y de vías no formales de formación.

El elemento mínimo acreditable es la **Unidad de Competencia.** La suma de las acreditaciones de las unidades de competencia conforma la acreditación de la competencia general.

Una **Unidad de Competencia** se define como una agrupación de tareas productivas específica que realiza el profesional. Las diferentes unidades de competencia de un certificado de profesionalidad conforman la **Competencia General,** definiendo el conjunto de conocimientos y capacidades que permiten el ejercicio de una actividad profesional determinada.

Cada **Unidad de Competencia** lleva asociado un **Módulo Formativo,** donde se describe la formación necesaria para adquirir esa **Unidad de Competencia,** pudiendo dividirse en **Unidades Formativas.**

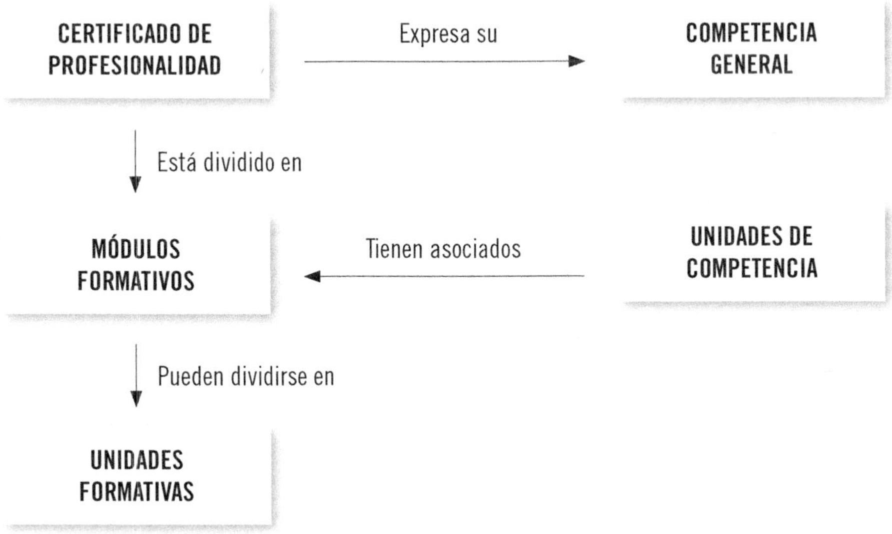

El presente manual desarrolla la Unidad Formativa **UF2688: Análisis y detección de la violencia de género y los procesos de atención a mujeres en situaciones de violencia,**

perteneciente al Módulo Formativo **MF1584_3: Detección, prevención y acompañamiento en situaciones de violencia contra las mujeres,**

asociado a la unidad de competencia **UC1584_3: Detectar, prevenir y acompañar en el proceso de atención a situaciones de violencia ejercida contra las mujeres,**

del Certificado de Profesionalidad **Promoción para la igualdad efectiva de mujeres y hombres.**

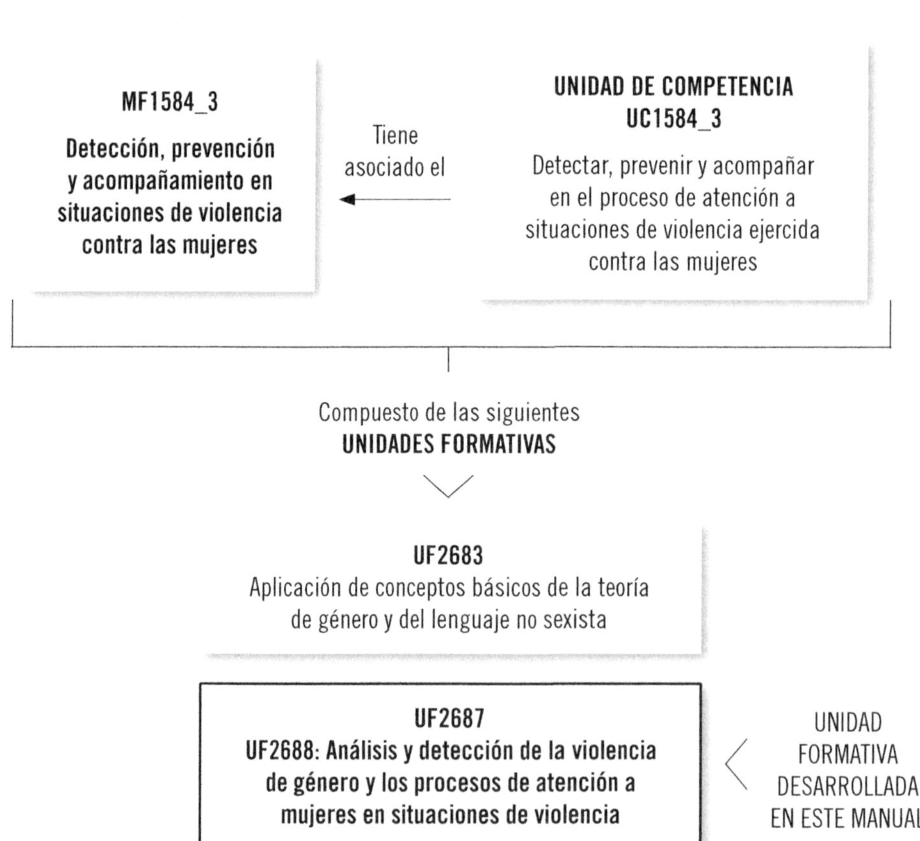

FICHA DE CERTIFICADO DE PROFESIONALIDAD

(SSCE0212) PROMOCIÓN PARA LA IGUALDAD EFECTIVA DE MUJERES Y HOMBRES (R. D. 990/2013, de 13 de diciembre)

COMPETENCIA GENERAL: Detectar situaciones de desigualdad, visibilizándolas ante el conjunto de la sociedad, trabajando en su prevención y en su erradicación en colaboración con el equipo de intervención, las instituciones y los agentes sociales, y potenciando la participación ciudadana de las mujeres, así como la articulación de procesos comunitarios enfocados hacia su «empoderamiento».

Cualificación profesional de referencia	Unidades de competencia		Ocupaciones o puestos de trabajo relacionados:
SSC451_3: PROMOCIÓN PARA LA IGUALDAD EFECTIVA DE MUJERES Y HOMBRES (R. D. 1096/2011, de 22 de julio)	UC1453_3	Promover y mantener canales de comunicación en el entorno de intervención, incorporando la perspectiva de género	• 37141017 Promotor/a de igualdad de oportunidades entre mujeres y hombres • Técnico/a de apoyo en materia de igualdad efectiva de mujeres hombres • Promotor/a para la igualdad efectiva de mujeres y hombres • 37131041 Promotores de igualdad de oportunidades, en general
	UC1454_3	Favorecer la participación de las mujeres y la creación de redes estables que, desde la perspectiva de género, impulsen el cambio de actitudes en la sociedad y el «empoderamiento» de las mujeres	
	UC1582_3	Detectar e informar a organizaciones, empresas, mujeres y agentes del entorno de intervención sobre relaciones laborales y la creación, acceso y permanencia del empleo en condiciones de igualdad efectiva de mujeres y hombres	
	UC1583_3	Participar en la detección, análisis, implementación y evaluación de proyectos para la igualdad efectiva de mujeres y hombres	
	UC1584_3	Detectar, prevenir y acompañar en el proceso de atención a situaciones de violencia ejercida contra las mujeres	

Correspondencia con el Catálogo Modular de Formación Profesional

Módulos certificado	Unidades formativas	Horas
MF1453_3: Comunicación con perspectiva de género	UF2683: Aplicación de conceptos básicos de la teoría de género y del lenguaje no sexista	60
	UF2684: Procesos de comunicación con perspectiva de género en el entorno de intervención	80
MF1454_3: Participación y creación de redes con perspectiva de género	UF2683: Aplicación de conceptos básicos de la teoría de género y del lenguaje no sexista	60
	UF2685: Procesos de participación de mujeres y hombres y creación de redes para el impulso de la igualdad	70
MF1582_3: Promoción para la igualdad efectiva de mujeres y hombres en materia de empleo	UF2683: Aplicación de conceptos básicos de la teoría de género y del lenguaje no sexista	60
	UF2686: Análisis del entorno laboral y gestión de relaciones laborales desde la perspectiva de género	90
MF1583_3: Acciones para la igualdad efectiva de mujeres y hombres	UF2683: Aplicación de conceptos básicos de la teoría de género y del lenguaje no sexista	60
	UF2687: Análisis y actuaciones en diferentes contextos de intervención (salud y sexualidad, educación, ocio, deporte, conciliación de la vida personal, familiar y laboral, movilidad y urbanismo y gestión de tiempos)	80
MF1584_3: Detección, prevención y acompañamiento en situaciones de violencia contra las mujeres	UF2683: Aplicación de conceptos básicos de la teoría de género y del lenguaje no sexista	60
	UF2688: Análisis y detección de la violencia de género y los procesos de atención a mujeres en situaciones de violencia	70
MP0561: Módulo de prácticas profesionales no laborales		120

Índice

Capítulo 1

Caracterización de la violencia ejercida contra las mujeres y gestión de recursos

Contenido

1. Introducción

La violencia contra las mujeres es un problema global de la sociedad, una manifestación de la situación desigual de las mujeres en el mundo y que genera graves consecuencias en la salud de quienes la sufren.

Esta violencia adopta diferentes formas, no solo la física, y se produce en diversos contextos, desde la que se produce en el seno de las parejas hasta la explotación de mujeres con fines sexuales, o en el ámbito de algunas tradiciones culturales, como es la mutilación genital, los matrimonios precoces y los crímenes por la dote.

Para tener una mayor comprensión de esta problemática, y poder afrontarla con mayor eficacia, es necesario el estudio de las características de este tipo de violencia, familiarizarse con el manejo de los indicadores sociales, saber identificar las características psicosociales de las víctimas y de los agresores, conocer cómo se produce la violencia, sus procesos y las situaciones de especial vulnerabilidad.

Para abordar esta problemática, los organismos políticos, tanto a nivel europeo, estatal como autonómicos y municipales, han elaborado un marco legislativo que posibilita a las distintas administraciones, dentro de ese marco, la creación de los servicios y recursos necesarios para asegurar los derechos de las víctimas.

De este modo, la lucha contra la violencia hacia las mujeres se realiza desde una perspectiva integral y multidisciplinar, siendo necesaria actuaciones coordinadas y eficaces de los profesionales pertenecientes a todos los ámbitos del entorno de intervención: institucional, judicial, policial, sanitario, social, laboral, educativo y asociativo.

En este capítulo, se abordarán todas estas cuestiones, desde una visión global y actualizada.

2. Detección de las formas de ejercer la violencia de género más comunes y los contextos más proclives para que se produzca

Para poder detectar las situaciones de violencia que afectan a las mujeres, es necesario, comprender qué es la violencia de género, conocer los tipos de violencia que existen y el contexto más proclive donde aparece. Así como los mitos, y las características psicosociales de las víctimas y de los agresores.

2.1. Conceptualización de la violencia de género

Las primeras referencias con carácter internacional que aborda la violencia contra la mujer aparecen en la *Declaración sobre la eliminación de la violencia contra la mujer* de las Naciones Unidas (Resolución de la Asamblea General 48/104, ONU, 1993) y en la IV Conferencia Mundial sobre la Mujer, celebrada en Beijing (China) en 1995.

Actualmente, tras años de estudio e investigación se contempla que la violencia contra la mujer no se basa en la diferenciación biológica por sexo, sino que está basada en el género, es decir, en la posición social de desigualdad de las mujeres con respecto al hombre.

Definición

Género

Papeles, comportamientos, actividades y atribuciones culturales socialmente construidos que una sociedad concreta considera propios de mujeres (femenino) o de hombres (masculino).

Desde esta perspectiva, los organismos internacionales definen la violencia contra la mujer como: *todo acto de violencia de género que resulte, o pueda tener como resultado un daño físico, sexual o psicológico para la mujer, inclusive las amenazas de tales actos, la coacción o la privación arbitraria de libertad, tanto si se producen en la vida pública como en la privada.*

Esta definición es asumida en la actualidad por la gran mayoría de los organismos nacionales e internacionales que se ocupan de su análisis. Y por tanto, ofrece un marco conceptual aceptado sobre la violencia de género.

Nota

El sexo se refiere al hecho biológico y a las características físicas de los cuerpos físicos y el género se refiere a los significados que cada sociedad atribuye a esa diferenciación (Burín, 1996).

Por tanto, siguiendo el marco conceptual actual, la violencia contra la mujer (entendida como todo acto de violencia basado en el género), se caracteriza por ser:

- Una violación de los derechos y libertades fundamentales de las mujeres.
- Universal, ya que no se limita a ninguna cultura, país ni religión en concreto.
- Un acto de violencia basado en el género, donde el factor principal que la origina es la desigualdad entre hombres y mujeres.
- Un problema social, cuyo origen se encuentra en las relaciones sociales basadas en la construcción del género, siendo un fenómeno global y estructural (no solo individual) vinculado a creencias culturales, actitudes y modelos de comportamientos que posicionan a la mujer en una situación de inferioridad y dominio.
- Un instrumento mediante el cual el agresor haciendo uso de distintas formas de violencia consigue el control y dominio de la mujer.
- De carácter público y privado.
- Un problema de salud, y así fue declarado en 1998 por la OMS (Organización Mundial de la Salud).

- Un acto que no solo se manifiesta de forma física, sino que adopta diferentes formas y se produce en diferentes contextos, como se verá en el apartado siguiente.

Nota

La violencia contra la mujer tiene como base la perspectiva de género y como origen una cuestión social, basada en las relaciones desiguales de poder de los hombres sobre las mujeres, que se manifiesta de diferentes formas y en diversos contextos, ocasionando graves consecuencias en la salud de las mujeres y en sus hijos e hijas.

Actividades

1. Describa las características que marcan el modelo conceptual actual de la violencia contra la mujer basada en el género.

2.2. Tipos de violencia: violencia física, sexual, verbal, emocional, económica, etc.

La violencia de género adopta diversos modos de ejercerla, y esta se produce en diversos contextos. En este apartado se describirán, según la literatura actual, cuáles son las diferentes formas de ejercerla y los contextos más proclives en los que tiene lugar.

Tipos de violencia

En cuanto a los tipos de violencia, existe coincidencia en la mayoría de la literatura en considerar que la violencia de género adopta tres formas principales: violencia física, sexual y psicológica, incluyendo esta última las formas verbal y emocional.

Las distintas investigaciones realizadas a lo largo de los años sobre la violencia contra las mujeres han concluido con la aparición de nuevas formas de violencia, tales como económica, estructural, espiritual o vicaria.

ONU Mujeres amplía las formas de violencia contra las mujeres y las niñas, catalogando tipos como el feminicidio, la trata de personas, la mutilación genital femenina, el matrimonio infantil o la violencia digital.

A continuación, se describirán algunas de las formas más comunes de violencia contra las mujeres.

Violencia física

Se entiende como violencia física cualquier acto, intencional o voluntario, en el que el uso de la fuerza física o de objetos provoque o pueda provocar daño físico en la mujer, como abofetear, empujar, golpear, tirar de los pelos, pellizcar, patear, morder, estrangular, quemar, mutilación genital, torturar, etc.

Violencia sexual

Se define como cualquier acto o expresión sexual realizada contra la voluntad y sin consentimiento, aunque no conlleve la utilización de fuerza física (acoso, violación, incesto, prostitución obligada, visualización forzada de pornografía, etc.). También se incluyen bromas, expresiones groseras, comentarios desagradables, llamadas telefónicas obscenas y propuestas sexuales indeseables.

Violencia psicológica (verbal y emocional)

La violencia psicológica adopta normalmente acciones de carácter verbal, emocional y social. Estas también incluyen el empleo de mecanismos de control y comunicación que atentan contra la integridad psicológica. De este modo, esta violencia incluiría actos como: denigrar, despreciar lo que hace, hacer que se sienta culpable, tratarla como si fuera una esclava, hacer comentarios desatentos sobre el físico, humillar, crearle una mala reputación, obligarla a rendir cuentas sobre sus relaciones o contactos con otras personas, obligarla a romper sus amistades, prohibirle hablar con personas del otro sexo, mostrar celos de las amistades de ella, limitar su espacio vital o no respetarlo, realizar bromas y chistes machistas o de contenido denigrante, infravaloración de sus aportaciones o ejecuciones, insultos públicos o privados, amenazas e intimidación, chantajes, amenazas de suicidio si la pareja manifiesta su deseo de separarse, etc.

Importante

Cualquiera de las formas de violencia de género que se ejerza, tiene consecuencias en todas las dimensiones de la salud: física, psicológica, sexual, reproductiva y social.

Violencia económica

La violencia de tipo económica se basa en la desigualdad en el acceso a los recursos económicos y patrimoniales compartidos. Incluye la negación o control del acceso al dinero común, generar dependencia económica, impedir su acceso a un puesto de trabajo, a la educación o a la salud, negarle los derechos de propiedad, etc.

Violencia estructural

Se entenderá como violencia estructural las barreras invisibles que impiden el acceso de las mujeres a los derechos básicos. Por ejemplo, negación al acceso de los derechos fundamentales en centros educativos o de trabajo, o la desigualdad salarial desempeñando el mismo trabajo.

Violencia espiritual

La violencia espiritual consiste en la destrucción de las creencias culturales o religiosas mediante el castigo, la ridiculización o la imposición de un sistema de creencias ajeno al propio.

Violencia vicaria

Este tipo de violencia contra las mujeres es ejercida por el hombre cuando hace daño a sus seres queridos, generalmente los hijos y las hijas. Se considera violencia de género y los hijos e hijas de este tipo de violencia se consideran víctimas de ella. Algunos ejemplos de violencia vicaria son: amenazas de matar o quitar a los hijos e hijas; detener sus tratamientos médicos cuando le toca por el régimen de visitas; ataques hacia la mujer en el momento de la recogida y vuelta del régimen de visitas; o hablar mal de la mujer y sus familiares delante de los hijos y las hijas.

Nota

Numerosos estudios concluyen que los diferentes tipos de violencia se solapan entre sí. Y por tanto, no suelen aparecer de forma separada o aislada, sino que se presentan de forma combinada.

Contextos donde aparece la violencia de género

En cuanto a la violencia contra las mujeres, esta no solo adopta diferentes formas, sino que aparece en distintos contextos. De este modo, la violencia de género puede producirse desde el ámbito familiar hasta en el conjunto de la sociedad.

Sabía que...

Según estudios realizados por Unicef en 2024, se estima que más de 230 millones de niñas y mujeres en el mundo han sobrevivido a prácticas de mutilación genital femenina; sin embargo, la preocupación actual es la realización de esta práctica cada vez a edades más tempranas, lo que dificulta su detección precoz.

A continuación, se presentan las distintas formas y contextos en que puede aparecer la violencia de género según los estudios realizados por las Naciones Unidas (ONU Mujeres).

En el ámbito privado

- Violencia en las relaciones íntimas (pareja, expareja, cónyuge, excónyuge).
- Violencia en las relaciones de noviazgo.
- Violencia vicaria.
- Violencia doméstica.

En el ámbito social

- Agresiones sexuales.
- Acoso sexual.
- Explotación y tráfico de mujeres, con o sin fines sexuales.
- Feminicidio.
- Violencia digital.

En el ámbito laboral

- Acoso sexual.
- Acoso reiterado.
- Techo de cristal.
- Suelo pegajoso.

En el ámbito institucional (perpetrada o tolerada por el Estado)

- Física, emocional, sexual.
- Aborto o esterilización forzosa.
- Por omisión, cuando el Estado no desarrolla medidas adecuadas para regular o erradicar este tipo de violencia.

En el ámbito de conflictos armados

- Violación.
- Matrimonio forzado.
- Agresiones físicas.

Continúa en página siguiente >>

<< Viene de página anterior

En el ámbito de las tradiciones culturales

- Mutilación genital femenina.
- Matrimonio infantil.
- Crímenes por honor.
- Crímenes por la dote.
- Agresiones con ácido.
- Selección prenatal del sexo.
- Abandono de niñas recién nacidas.

Actividades

3. Busque que información sobre los términos "techo de cristal" y "suelo pegajoso". Conceptualice cada término e indique un ejemplo ilustrativo de cada uno de ellos.
4. ¿En qué contexto y situaciones puede producirse violencia de género? Ponga al menos un ejemplo de cada uno de ellos.

Aplicación práctica

Lea las siguientes situaciones e identifique las formas de violencia de género existentes, así como el contexto en el que se producen.

Situación 1: un hombre llamado J. propone a su cónyuge, una mujer llamada M. ver juntos una película con contenido pornográfico. La mujer M. le dice que no quiere porque le supone una situación desagradable, y añade que va en contra de sus convicciones morales y religiosas. El hombre J. sigue insistiéndole y mediante el chantaje, y otras estrategias logra su pretensión, sintiéndose la mujer M. obligada a hacerlo.

Situación 2: la mujer D. decide regresar a casa, tras prestar el último servicio de la noche. Al entrar por la puerta, se encuentra con su marido. Y se produce el siguiente diálogo:

Continúa en página siguiente >>

<< Viene de página anterior

- **Hombre: ¡Ya estás aquí! Menuda puta de mierda eres. Has venido antes de tiempo, todavía es pronto así que vuélvete que todavía puedes coger a más clientes.**
- **Mujer: Hace muchísimo frío, no hay nadie por la calle, apenas pasan coches. Lo único que voy hacer es pasar frío. Yo quiero dejar esto, no me siento bien. He hecho siempre lo que me pedías, mañana empiezo a buscar otro trabajo, de lo que sea.**
- **Hombre: De eso nada, ¿Que eres idiota? , si tú solo sirves para hacer la calle. ¿Cuánto has sacado esta noche?**
- **Mujer: Unos 30 €.**
- **Hombre: Dámelo, anda.**
- **Mujer: ¿Todo?**
- **Hombre: Claro, todo. Y ni se te ocurra quedarte con algo. Dámelo y tira para la habitación que la niña lleva llorando toda la noche.**

SOLUCIÓN

Situación 1:

Tipos de violencia: violencia de género que adopta formas de tipo sexual, psicológica y espiritual.

Contexto: familiar, en el ámbito de la pareja.

Situación 2:

Tipo de violencia: violencia de género que adopta formas de tipo sexual (el cónyuge obliga a la mujer a ejercer la prostitución), psicológica y económica.

Contexto: familiar, en el ámbito de la pareja.

2.3. Mitos comúnmente compartidos sobre la violencia de género

Existen en la sociedad, en general prejuicios, ideas erróneas y generalizadas sobre la violencia de género, sobre los agresores y sobre las víctimas.

Definición

Mitos

Son supuestos, ideas generalizadas y prejuicios formulados de tal manera que aparecen como verdades absolutas, sin existir una demostración sólida.

A continuación, se exponen los mitos comúnmente compartidos agrupados por categorías (Bosch, E. y Ferrer, V., 2012):

- Mitos sobre la marginalidad:
  - La violencia de género solo ocurre en países subdesarrollados.
  - La violencia de género solo ocurre en familias o en personas con problemas.
- Mitos sobre los varones maltratadores:
  - Los hombres que agreden a su pareja (o expareja) han sido personas maltratadas por parte de sus padres (o han sido testigos de maltrato en su familia de origen).
  - Los hombres que maltratan a su pareja (o expareja) son enfermos mentales.
  - Los hombres que maltratan a su pareja (o expareja) consumen/abusan de alcohol y/o drogas.
  - La violencia de género se debe a los celos.
- Mitos sobre las mujeres maltratadas:
  - Las mujeres con unas ciertas características tienen más probabilidades de ser maltratadas.
  - Si las mujeres que padecen violencia de género no abandonan esa relación por algo será, quizá les gusta.
  - Si las mujeres padecen violencia de género algo habrán hecho para provocarla.

- Mitos que minimizan la importancia de la violencia de género:
  - La violencia de género es un fenómeno puntual, muy localizado.
  - La violencia psicológica no es tan grave como la física.
  - Los hombres y las mujeres son violentos/as por igual en la pareja.
- Mitos negacionistas:
  - La mayoría de denuncias son falsas.
  - La consideración de que las leyes criminalizan lo que son conflictos normales en las relaciones entre hombres y mujeres.

Importante

Existen, para cada uno de estos mitos, una serie de evidencias que demuestran que no son ciertos y que por tanto, son solo eso, mitos, que se comparten y están vinculados de forma irreal a la dimensión que alcanza la violencia de género.

Actividades

5. Lea las siguientes afirmaciones y establezca para cada una de ellas argumentos a favor y en contra.

   a. Lo que ocurre dentro de una pareja es un asunto privado, nadie tiene derecho a meterse.
   b. Si una mujer es maltratada continuamente, la culpa es suya por seguir conviviendo con ese hombre.
   c. Si se tienen hijos e hijas, hay que aguantar los maltratos por el bien de las niñas y los niños.

6. Estas afirmaciones, ¿son mitos o realidad? Justifique la respuesta.

2.4. Características psicosociales de la mujer en situación de violencia de género

La violencia de género origina víctimas en todos los grupos sociales, étnicos, culturales, de nivel económico, de edad, estudios u ocupación. Las víctimas en violencia de género se encuentran, por tanto, en todos los grupos demográficos, educativos y sociales.

Del mismo modo, no existe demostración empírica que determine que alguna característica psicológica predisponga a alguien a ser víctima de violencia de género, ya que estas al ser analizadas presentan gran variabilidad.

Importante

Cualquier mujer puede sufrir violencia de género. No hay un perfil de mujer que la predisponga a ser maltratada.

No obstante, en este apartado se señalarán un conjunto de factores y características que deben considerarse ante el análisis psicosocial de cualquier víctima. Estas tienen gran importancia, ya que proporcionarán información relevante para determinar la situación de riesgo, y así poder ofrecer un servicio de apoyo, atención, asesoramiento y protección adecuado e individualizado en cada víctima.

Estas características, de forma resumida, son:

- Sometimiento, subordinación y dependencia con el agresor (económica, social o emocional).
- La víctima asume la violencia sufrida desde la culpa y responsabilidad propia.
- Haber desarrollado actitudes y pensamientos que disculpan y justifican la conducta del agresor.
- Presentar antecedentes de violencia familiar.

- Dificultad para afrontar y solucionar el problema (impotencia e indecisión). No saber a dónde ir, qué hacer.
- Percepción y falta de apoyo social. Incomunicación y aislamiento con su familia y amigos.
- Ser mujer extranjera en situación irregular en el país (sin permiso de residencia o que le cumple).
- Pertenencia a minorías étnicas.
- Estar embarazada.
- Tener hijos/as. Miedo a perderlos y/o a que sufran represalias.
- Existir anteriores reconciliaciones y/o retirada de denuncias. Creer en el arrepentimiento del agresor, esperanza al cambio y/o miedo a represalias.
- Discrepancias entre su percepción de riesgo y el riesgo real.
- Poseer algún tipo de discapacidad física, psíquica, sensorial.
- Historia de la violencia sufrida: tipología, episodios, duración en el tiempo, intensidad, etc.
- Presentar sintomatología física de diversa índole.
- Presentar sintomatología psicológica de diversa índole, desde síntomas como baja autoestima, irritabilidad, desmotivación, desorientación, miedo, estrés, ansiedad, depresión hasta trastornos como por ejemplo, trastorno del sueño, en la alimentación y trastorno de estrés postraumático.

Actividades

7. Realice un modelo de recogida de información que incluya las principales características psicosociales de las víctimas (puede consultar los modelos existentes utilizados por Servicios Sociales y Centros de la Mujer).

2.5. Reconocimiento del perfil del maltratador y sus estrategias defensivas

Los estudios de Dutton y Golant (1997) y Corsi (2007) sostienen que existen, al menos, tres tipos de maltratadores: perfil Básico o emocionalmente inestable (tipo A), psicopático (tipo B) y el hipercontrolado (tipo C).

Aunque la tipología de Dutton y Golant está convirtiéndose en la tipología de referencia en la actualidad, es cierto que las investigaciones apuntan a que no existe un perfil del maltratador.

Nota

Al igual que en las víctimas, no existe un perfil del agresor o del maltratador, ya que estos presentan gran variabilidad en cuanto a características demográficas, criminales y psicosociales.

Desde esta misma perspectiva, el Tribunal Supremo (en las sentencias 291/2011 de 14 de abril y 238/2011 de 21 de marzo) sostuvo que:

> *No existe un perfil de personalidad ni trastorno específico de hombre maltratador y que carecer de tal perfil psicológico no es incompatible con la posibilidad de ejecución del maltrato, ni puede servir para apoyar una valoración probatoria favorable al acusado.*

No obstante, sí se han constatado la existencia de una serie de actitudes, características y pautas de comportamiento en muchos de los hombres condenados por delitos de violencia de género, tales como:

- Presentar actitudes favorables hacia la violencia contra las mujeres.
- Creencias en roles de género tradicionales basados en la condición de inferioridad de la mujer.
- Dificultades para asumir la responsabilidad de sus actos y de lo que les ocurre en la vida cotidiana, enfocando el origen de los problemas en la mujer.
- Carencia de habilidades emocionales y comunicativas como la identificación y expresión de emociones, empatía, asertividad y control emocional, dificultad para expresar sentimientos.
- Baja tolerancia a la frustración. Impulsividad.

- Dificultad ante la resolución de problemas. Resolución de conflictos mediante la violencia.
- Abuso de alcohol y otras sustancias.
- Celos recurrentes, irracionales y desproporcionados.
- Necesidad de control, imposición y dominio sobre la mujer.
- Dependencia emocional hacia la mujer. Miedo a que le dejen o se vaya con otro. Reacciones violentas ante la separación.
- Dificultad para asumir desequilibrios de poder en su contra. Por ejemplo, si la mujer tiene un salario mayor u ostenta un puesto laboral o social de mayor prestigio.
- Historial de antecedentes de actos violentos.
- Presentar antecedentes de haber sufrido o de haber presenciado violencia familiar.
- Empleo de estrategias para defender sus actos de violencia hacia la mujer.

Nota

Es complejo establecer quién reúne las características para ser un agresor o quién podría serlo, puesto que no existe un perfil prestablecido. Aunque lo determinante en la condición de maltratador, no es si presenta un perfil o no, sino los propios actos de violencia que realiza.

En cuanto a las estrategias defensivas que los maltratadores emplean se encuentran:

- **Negación:** mediante este mecanismo el sujeto niega la acción violenta. Por ejemplo: *pero cómo voy a hacer yo eso, yo no he hecho nada, me acusan por algo que no ha ocurrido, todo es mentira.*
- **Coartada:** consiste en buscar cobertura que demuestre que la acción no ha podido ser ejecutada por el sujeto. Por ejemplo: *estuve todo el día trabajando, estaba enfermo y no me podía ni mover, si de verdad le hubiera dado la habría matado.*

- **Confabular:** intentar que otras personas (familiares, amigos, etc.) le den soporte contra ella. Por ejemplo: *tu madre dice que esto que haces no está bien, ves como tengo razón, tu familia está más de mi parte y sabes que llevo razón.*
- **Culpabilizar:** con este mecanismo se desplaza la responsabilidad al otro, al que se considera verdadero culpable de lo acontecido. Por ejemplo: *que le pregunten a ella, que tiene la culpa, me anda provocando continuamente, ella lo pide si fuera verdad me habría dejado.*
- **Minimización:** mediante este mecanismo se pretende restar importancia, trascendencia o gravedad a los hechos. Por ejemplo: *no es para tanto, exageran; solo la insulté, nunca le he puesto la mano encima; nos peleamos como cualquiera, lo normal en las discusiones de pareja.*
- **Justificación:** el agresor cree tener explicación razonable y justificada del acto violento cometido. Por ejemplo: *lo hice porque se estaba pasando últimamente, ocurrió porque estábamos jugando, es lógico porque es mi mujer, es la única manera de que se comporte como debe.*
- **Desprecio:** desprestigiando a la víctima. Por ejemplo: *sin mí no vale nada, es una descuidada y no atiende a la casa, como es alcohólica, solo quiere dinero.*
- **Deshumanización:** parecido al mecanismo anterior, el desprecio llega al extremo de olvidar cualidades humanas. Por ejemplo: *son como animales, viven como perros, aguantan lo que les echen, son alimañas sin sentimiento alguno, son unas locas en el fondo les gusta que las traten así y luego mira, está loca como una cabra.*
- **Sí, pero no tuve más remedio:** este mecanismo hace referencia a la imposibilidad del sujeto a actuar de otro modo. Por ejemplo: *no podía hacer otra cosa, te habías puesto en un plan... que era imposible.*
- **Sí, pero no quería hacerlo:** el sujeto se desvincula de la acción en cuanto a la voluntad se refiere. Por ejemplo: *tuve un arrebato, no pretendía hacerte daño, solo quería asustarte para que escarmentaras.*
- **Sí, pero no era realmente yo**: este mecanismo es utilizado cuando la propia autoestima y el autoconcepto están totalmente en juego, se pretende salvaguardar la bondad de la persona autora de la acción. Por ejemplo: *estaba tan borracho que no sé qué pasó, me debí de volver loco en ese momento, nunca había hecho antes algo así.*

Actividades

8. Realice un modelo de recogida de información que incluya las conductas, características y datos relevantes del maltratador.

3. Manejo de indicadores de la violencia de género: físicos, sanitarios y laborales

Una de las definiciones más utilizadas por diferentes organismos y autores es la que Bauer (1966), que señala que: *los indicadores sociales son estadísticas, serie estadística o cualquier forma de indicación que nos facilita estudiar dónde estamos y hacia dónde nos dirigimos con respecto a determinados objetivos y metas, así como evaluar programas específicos y determinar su impacto.*

Por tanto, un indicador es una medida, un hecho, y su manejo va a permitir en el entorno de intervención lo siguiente:

- Identificar la presencia de la violencia de género.
- Describir sus características.
- Medir las dimensiones del fenómeno y su magnitud.
- Comprender las causas y factores que la origina. Así como, los factores que pueden prevenirla.
- Realizar el seguimiento de los progresos y actuaciones realizadas a lo largo del tiempo.

Nota

El manejo de los indicadores ayudará a obtener mayor conocimiento y una mayor comprensión de la violencia de género.

3.1. Manejo de indicadores: obtención de la información de forma directa y de forma indirecta

Para el manejo de indicadores, se podrá obtener la información de forma directa (por ejemplo, preguntando directamente mediante encuestas telefónicas a una población de mujeres) o de forma indirecta (por ejemplo, recogiendo datos procedentes de diferentes administraciones).

De este modo, tal como se ve en la siguiente tabla, entre los trabajos y las investigaciones que emplean los diferentes indicadores para conocer la dimensión de la violencia de género se encuentran los realizados de forma directa y los realizados de forma indirecta.

Manejo de indicadores de forma directa	
Encuestas	Macroencuesta de violencia contra la mujer (Delegación del Gobierno contra la Violencia de Género).
Estudios epidemiológicos	Encuestas a las usuarias de los centros de atención primaria, especializada (ginecología y psiquiatría) o en hospitales, con cuestionarios estandarizados.
Manejo de indicadores de forma indirecta	
Datos recogidos (indicadores objetivos) desde diferentes administraciones	Informes, fichas y boletines del Observatorio Estatal de Violencia sobre la Mujer.
	Portal Estadístico de la Delegación del Gobierno contra la Violencia de Género.

De forma directa

La información se recoge mediante encuestas y a través de los trabajos de investigación en epidemiología.

Definición

Epidemiología
Estudio de la distribución y los determinantes de los estados o acontecimientos relacionados con la salud de determinadas poblaciones; aplicación de este estudio al control de los problemas sanitarios.

Entre estos trabajos se pueden encontrar:

- **Macroencuesta de violencia contra la mujer.** Realizada periódicamente en 1999, 2002, 2006, 2011, 2015 y 2019, correspondiendo los tres últimos años a la Delegación del Gobierno contra la Violencia de Género en el marco de las recomendaciones europeas y de los Planes Nacionales de Igualdad de Oportunidades. Con esta macroencuesta se persigue conocer la realidad detallada y actual de la violencia contra las mujeres y las consecuencias que se derivan de ella.
- **Encuesta Europea de Violencia de Género (2022).** Está realizada en coordinación con la Oficina Europea de Estadística (Eurostat), los institutos de estadística de los estados miembros y los organismos responsables del desarrollo y difusión de estas estadísticas (en España, la Delegación del Gobierno contra la Violencia de Género). La encuesta muestra información sobre la incidencia, frecuencia y gravedad de la violencia contra las mujeres revelada por estas.
- **Estudios epidemiológicos desarrollados en España en el área de la salud.** Donde se realizan encuestas a las usuarias de los centros de atención primaria, especializada (ginecología y psiquiatría) o en hospitales, con cuestionarios estandarizados. Estos estudios tienen un carácter aplicado puesto, que pretenden conseguir instrumentos válidos para detectar los casos de violencia de género a intervenir.

De forma indirecta

La información se obtiene mediante unos indicadores objetivos, como por ejemplo, el número de denuncias, órdenes de alejamiento, número de llamadas a los teléfonos de ayuda, número de ayudas sociales concedidas.

La información correspondiente a estos indicadores puede obtenerse desde los diferentes organismos y administraciones gubernamentales ya que se encuentran registrados.

Ejemplo

Para conocer la magnitud de la violencia de género se podrán utilizar como indicadores: el número de denuncias y el número de muertes debidas a la violencia de género.

Entre los recursos para tener acceso a la información, se encuentran las fichas, boletines e informes estadísticos elaborados desde el Observatorio Estatal de Violencia sobre la Mujer.

En este sentido, un recurso muy útil es el que se puede encontrar en internet, desde el Portal Estadístico de la Delegación del Gobierno contra la Violencia de Género: <https://estadisticasviolenciagenero.igualdad.gob.es/>.

Importante

El Portal Estadístico de la Delegación del Gobierno contra la Violencia de Género es una herramienta útil porque permite tener acceso de forma inmediata a diferentes indicadores con diferentes variables, sus fuentes de información y obtener datos actualizados de forma gráfica.

Portal Estadístico de la Delegación del Gobierno contra la Violencia de Género.

Actividades

9. Obtenga los siguientes datos, relativos a la Comunidad Autónoma y localidad en la que reside:

   a. Número de denuncias en los últimos cinco años.
   b. Número de denuncias, en el último año, según el origen de la denuncia.
   c. ¿Qué conclusiones puede obtener según los datos que ha obtenido?

3.2. Tipos de indicadores: laborales y de ayudas económicas, sanitarios, físicos, etc.

En este apartado se mostrará un listado con los indicadores empleados, así como la fuente de información donde pueden obtenerse. Para facilitar dicho listado, se clasificarán los indicadores en los siguientes grupos: indicadores laborales y de ayudas económicas, sanitarios, físicos, y otros indicadores (asistenciales, de protección, demográficos, judiciales).

Indicadores laborales y de ayudas económicas

En cuanto a los indicadores laborales y de ayudas económicas percibidas por las víctimas se encuentran principalmente los siguientes:

- Contratos bonificados a mujeres víctimas de violencia.
- Contratos de sustitución de mujeres víctimas de violencia de género.
- Ayudas para cambio de residencia.
- Ayudas económicas concedidas.
- Concesiones de autorización de residencia temporal y trabajo de mujeres extranjeras víctimas de violencia de género.

Indicadores sanitarios

La Comisión contra la violencia de género del Consejo Interterritorial del Sistema Nacional de Salud (SNS) propone una serie de indicadores relevantes desde el ámbito sanitario. Estos son:

- Según la magnitud:
  - Casos detectados por 100.000 mujeres mayores de 14 años.
  - Número de partes de lesiones emitidos.
- Según el nivel de asistencia:
  - Casos detectados en Atención Primaria.
  - Casos detectados en Atención Especializada.
- Según las características del maltrato:
  - Casos detectados según tipo de maltrato.
  - Casos detectados según duración del maltrato.
  - Casos detectados según relación de convivencia con el maltratador.

- Según las características de la mujer maltratada:
  - Casos detectados por edad.
  - Casos detectados según nacionalidad.
  - Casos detectados según situación laboral.
  - Casos detectados en mujeres embarazadas.
  - Casos detectados en mujeres con discapacidad (diversidad funcional).
- Según las características del tipo de atención recibida:
  - Mujeres atendidas que han recibido información y apoyo de recursos sociosanitarios.
  - Mujeres atendidas con las que se ha realizado valoración del riesgo.
  - Mujeres atendidas con las que se ha elaborado un plan de seguridad.
  - Casos detectados derivados a Atención Primaria.
  - Casos detectados derivados a Atención Especializada.
  - Casos detectados derivados a Atención Social.

Indicadores físicos

Entre los indicadores físicos se podrían emplear los referentes al tipo de lesiones, y/o secuelas sufridas por las víctimas. Entre ellos, se encuentran:

- Tipo de lesiones físicas sufridas.
- Tipo de daño, alteraciones y/o trastornos psicológicos provocados como consecuencia de la violencia sufrida.
- Tipo de daños en la salud reproductiva de la víctima.
- Tipo de consecuencias en la salud sexual de la mujer.
- Víctimas mortales por violencia de género.

Nota

Las lesiones sufridas por las víctimas son recogidas en cada uno de los partes de lesiones e informes médicos realizados por el personal médico que atiende a las víctimas.

Continúa en página siguiente >>

<< Viene de página anterior

El registro de víctimas mortales puede consultarse en la Delegación del Gobierno contra la Violencia de Género del ministerio.

Otros indicadores: asistenciales, de protección, judiciales, poblacionales

Existen otros indicadores, además de los laborales, sanitarios y físicos que resulta importante conocer; estos son los siguientes:

- Denuncias por violencia de género.
- Órdenes de protección.
- Sistema de seguimiento integral en los casos de violencia de género (Sistema VioGén).
- Menores víctimas mortales por violencia de género.
- Mujeres víctimas mortales por violencia de género.
- Dispositivos electrónicos de seguimiento en el ámbito de la violencia de género.
- Llamadas de violencia de género atendidas en el servicio de atención y asesoramiento legal telefónico 016.
- Usuarias de ATENPRO (Servicio Telefónico de Atención y Protección para Víctimas de Violencia de Género).

Manejo de indicadores teniendo en cuenta características territoriales y personales de la población

Algunos de los estudios e investigaciones que manejan el empleo de indicadores han encontrado la existencia de diferencias significativas en los resultados obtenidos según se trate de entornos urbanos y rurales. Uno de estos resultados es que las mujeres residentes en entornos rurales denuncian menos que las que residen en zonas urbanas.

Como consecuencia, el Plan Nacional de Sensibilización y Prevención de la Violencia de Género planteó como objetivos estratégicos futuros, mejorar la respuesta frente a la violencia de género haciendo hincapié en la atención a aquellas mujeres que se encuentran en pequeños municipios y en regiones rurales, así como las mujeres con discapacidad, migrantes o aquellas pertenecientes a minorías étnicas. En la Estrategia Estatal para combatir las violencias machistas 2022-2025, se recogen distintas medidas (51, 69, 79, 133, entre otras) en las que se tienen en cuenta este enfoque poblacional.

Por tanto, cabe destacar la importancia de realizar procesos de distribución de la información, que tengan en cuenta particularidades territoriales como vivir en zonas rurales o en pequeños municipios, e incluso otras que incluyan indicadores culturales, religiosos y personales de la población.

Esto permitirá conocer la realidad de la violencia de género ampliamente y en los distintos contextos que ocurre y por tanto, favorecerá el diseño de estrategias adaptadas a las necesidades según estas características poblacionales ya comentadas (como vivir en municipios pequeños, zonas rurales, pertenecer a minorías étnicas, entre otras).

En la actualidad, para poder acceder a esta información, es necesario acudir a registros estadísticos que recojan una distribución de la población, teniendo en cuenta las características poblacionales enunciadas anteriormente. Para ello, se podrían consultar los siguientes datos:

- Datos del Padrón Municipal.
- Datos sobre la atención a las víctimas del Servicio de Salud de la Comunidad Autónoma correspondiente.
- Datos sobre denuncias de la Delegación de Gobierno de la Comunidad Autónoma correspondiente (Unidad de Coordinación contra la Violencia sobre la Mujer y Unidad de Violencia sobre la Mujer).
- Datos sobre ingresos en acogida del Instituto de la Mujer correspondiente a la Comunidad Autónoma.

Otra forma de acceder a esta información es mediante encuestas o estudios que distribuyan la información según las características estructurales de la población (municipios pequeños, zonas rurales) y teniendo en cuenta otras características de la población como: pertenencia a minorías étnicas, tipo de confesión religiosa, migrantes, etc.

Aplicación práctica

Imagine que un estudio poblacional relaciona la incidencia de violencia de género entre las zonas de residencia de la víctima (zonas rurales y urbanas) y la edad de las víctimas. Y se obtienen los siguientes resultados:

Edad (años)	Zona rural (tasa por mil habitantes)	Zona urbana (tasa por mil habitantes)
< 20	0,04	0,08
20 - 34	0,70	1,56
35 - 49	1,39	1,99
50 - 59	0,65	0,76
> 60	0,15	0,30

Interprete la tabla de resultados y responda a las siguientes cuestiones:

a. ¿Qué franja de edad es la que mayor tasa de víctimas presenta en las zonas rurales? ¿Y la que presenta menor tasa?
b. ¿Qué franja de edad es la que presenta mayor tasa de víctimas por mil habitantes en las zonas urbanas? ¿Y la que presenta menor tasa?
c. ¿Existen diferencias entre las zonas rurales y urbanas en cuanto las tasas de víctimas recogidas? Interprete estos datos, enunciando una posible hipótesis explicativa.

SOLUCIÓN

a. En la zona rural la franja de edad que presenta mayor tasa de víctimas es la edad comprendida entre 35 y 49 años, seguida de la franja de edad 20-34 años.
La edad que menor tasa de víctimas presenta es la de menores de 20 años, siguiéndole la de mayores de 60 años.
b. En la zona rural la franja de edad que presenta mayor tasa de víctimas es la edad comprendida entre 35 y 49 años. Siguiéndole la franja de edad 20-34 años.
La edad que menor tasa de víctimas presenta es la de menores de 20 años, siguiéndole la de mayores de 60 años.
c. La diferencia radica en el número de víctimas que existen en el medio urbano y el medio rural, encontrándose tasas mayores en las zonas urbanas. De este modo, las mujeres

Continúa en página siguiente >>

<< Viene de página anterior

que viven en las áreas urbanas presentan unas tasas más altas que las que viven en las zonas rurales. Aunque siendo la franja de edad igual para ambas zonas.
Hipótesis: ahora se debería plantear por qué existen diferencias en las tasas recogidas sobre víctimas de violencia de género entre las zonas rurales y zonas urbanas. Para ello, se plantearían las siguientes preguntas: ¿es debido a que existe realmente menos violencia de género en las zonas rurales? O, ¿es debido a que existe un anonimato de los casos de violencia como consecuencia de que las víctimas denuncian menos? Por tanto, se plantea una posible hipótesis explicativa: las mujeres víctimas de violencia de género que residen en zonas rurales denuncian menos que las mujeres que residen en zonas urbanas.

Actividades

11. Realice un listado con los indicadores que puedan facilitar la comprensión de la dimensión de la violencia de género existente en la localidad en la que reside.
12. Los indicadores que ha incluido en el listado, realizado en la actividad anterior, ¿tienen en cuenta las características culturales, religiosas, económicas y personales de la población? En caso negativo, añada a la lista realizada algunos indicadores que tengan en cuenta estas características.

4. Detección del ciclo de la violencia y sus etapas

En este apartado, se analizará cómo es el proceso de maltrato en el ámbito de la pareja.

Comprender los componentes de este proceso permite explicar cómo surge y evoluciona el maltrato, y cómo se genera el deterioro psicológico de la mujer y su dificultad para abandonar la relación.

La violencia contra la mujer en el ámbito de la pareja se caracteriza fundamentalmente por una escalada progresiva en la forma e intensidad de la violencia y por la repetición de un patrón cíclico.

4.1. Escalada de la violencia

Los malos tratos dentro de la pareja se producen de forma progresiva. Al principio, con conductas restrictivas y controladoras de apariencia amorosa (control sobre la ropa, las amistades, actividades, horarios), siendo estas conductas no consideradas como violentas por la mujer.

Cuando estas conductas se asumen provocan en las víctimas dependencia, alejamiento de familiares y amigos, pérdida de autoestima, autonomía, capacidad de decisión y seguridad personal. A su vez, aparecen dos aspectos que se mantendrán a lo largo de todo el proceso, la negación del problema y la justificación de la conducta dominante y agresiva del hombre como parte de un carácter fuerte. Todo esto, impedirá que la mujer pueda percibir cualquier agravamiento de la violencia.

Por tanto, la violencia tiene una estructura piramidal, en la que se encuentran estas conductas de control y dominio que proporcionarán la base para otras formas de violencia de mayor intensidad y gravedad (violencia psicológica, física y sexual). Esto se conoce como la escalada de la violencia.

4.2. El ciclo de la violencia

Según la autora Leonor Walker (1979), tras analizar números casos de violencia en parejas encontró que todas compartían un patrón cíclico en las manifestaciones de violencia. A esta pauta la denominó **ciclo de la violencia** y consta de tres fases: fase de aumento de tensión, fase de explosión violenta y fase de arrepentimiento.

Fase de aumento de tensión

Esta fase puede durar desde unos días hasta años. El agresor sufre cambios de humor, empieza a mostrarse tenso e irritable, por cualquier cosa que haga o diga la mujer.

La víctima trata de justificarlo y negarlo. Y con frecuencia, intentan controlar factores externos que podrían provocar la explosión de ira del agresor y un incidente agudo de violencia. Para ello, en numerosas ocasiones, se alejan de sus familiares y amigos por temor a que el agresor pueda enfadarse. De este modo, las víctimas pierden el amparo de su círculo más cercano, así como la posibilidad de recibir ayuda. El agresor, por su parte, intenta convencer a la mujer de que él tiene la razón y que ella es la responsable de su agresividad.

Las víctimas experimentan lo que se conoce como **síndrome de indefensión aprendida.** Estas mujeres han aprendido que no pueden hacer nada para evitar las situaciones de violencia. Piensan que no pueden impedir las agresiones, y utilizan técnicas como la evitación o la negación del problema para tratar de que la tensión no aumente.

Importante

La teoría del ciclo de la violencia ayuda a explicar, entre otros aspectos, la permanencia de la víctima en una relación basada en la violencia.

Fase de explosión violenta

Es la fase más corta de todas, consiste en una descarga incontrolada de las tensiones que se han ido acumulando durante la primera fase. Es, precisamente esta pérdida de control lo que diferencia estas agresiones de las ocurridas durante la primera fase.

Los ataques pueden ser de diversos tipos (físicas, psicológicas y sexuales), al igual que puede variar su duración e intensidad dependiendo del momento de la escalada de la violencia que se encuentre.

Tras las agresiones, el hombre, consciente de la gravedad de sus actos y temiendo las consecuencias negativas, trata de justificar o quitarle importancia a su comportamiento con excusas como el estrés del trabajo o la bebida.

Por el contrario, la mujer se siente impotente y débil frente a su agresor. Pueden permanecer aisladas por varios días, pero suele ser tras este período cuando, finalmente, se atreven a buscar algún tipo de ayuda o decidirse a denunciar.

Fase de arrepentimiento

También conocida como fase de **luna de miel.** Se caracteriza por una actitud de arrepentimiento del agresor. Trata de reparar el daño con promesas de cambio y regalos. El hombre se muestra mucho más atento con ella, más cariñoso y detallista. Esto hace que la mujer piense que no volverá a agredirla más.

Esta fase se irá diluyendo poco a poco para dar paso, nuevamente, a un incremento progresivo de la tensión (fase primera).

Con cada repetición del ciclo que se produzca, la fase de arrepentimiento se irá haciendo más corta hasta desaparecer por completo, y las agresiones serán cada vez más frecuentes y violentas, provocando un aumento progresivo en la escalada de violencia.

Aplicación práctica

Lea atentamente la situación expuesta a continuación y analícela describiendo los factores desencadenantes y el proceso de violencia existente (escalada y ciclo de la violencia).

Continúa en página siguiente >>

<< Viene de página anterior

Situación: tras varios años de convivencia, la mujer A. ha decidido poner fin a la relación que mantiene con su pareja C. La mujer tras explicarle de que no aguanta más, y que ya son muchos años aguantando los insultos, las amenazas y los empujones ha decidido poner fin a la relación. El hombre se dirige a la mujer insultándola. A continuación, le agarra fuertemente del brazo, la empuja, tirándola al suelo, golpeándose la cabeza contra el suelo. Tras esto, el hombre sin mediar palabra le da una patada a un perro que tienen como mascota y se va de la casa cerrando la puerta fuertemente.

En estos momentos la mujer se está planteando la decisión de denunciarlo.

Tras unas cuatro horas de lo sucedido el hombre vuelve al domicilio con intención de lograr una reconciliación. La mujer se encuentra con su hija en el salón viendo la televisión. El hombre le pide que le perdone y que deberían hablar y aclarar lo sucedido. La mujer le responde que no tienen nada que aclarar y que ya ha decidido terminar con la relación. El hombre apaga el televisor y su cónyuge lo vuelve a encender. A partir de aquí, se inicia una nueva discusión, en presencia de la hija. Tras esto, el hombre le propina una patada en el estómago tirándola al sofá y agrega: *antes de que me dejes, te mato.*

SOLUCIÓN

Escalada de la violencia: la mujer lleva durante años atrás sufriendo violencia psicológica y física. Por tanto, se encuentra inmersa en una relación basada en la violencia con una escalada de violencia contrastable (insultos, empujones, agresiones físicas y amenazas de muerte).

Ciclo de la violencia: el propósito de dejar la relación por parte de la mujer desencadena por parte del hombre una explosión de conducta violenta de tipo psicológico y físico (fase segunda del ciclo de la violencia). En este momento, la mujer se plantea denunciar su situación. El hombre consciente de la gravedad de sus actos intentará una reconciliación (comienza su paso a la fase de arrepentimiento). Pero ante la negativa encontrada por la mujer, la fase de reconciliación es inexistente, apareciendo de nuevo otra explosión de conducta violenta de contenido psicológica y física, incluyendo una amenaza de muerte (muestra de la escalada progresiva de la violencia).

Factores desencadenantes: la decisión de dejar la relación por parte de la mujer.

5. Aplicación de la legislación específica existente y conocimiento de los derechos que asisten a las mujeres que han sufrido violencia de género

En este apartado se abordarán los derechos reconocidos a las víctimas de violencia de género desde el marco legislativo europeo, estatal y autonómico vigente.

5.1. Legislación en el marco europeo

En la Directiva 2011/36/UE del Parlamento Europeo, de 5 de abril de 2011, se propuso una estrategia para combatir la violencia contra las mujeres, como base para futuros instrumentos legislativos de derecho penal de lucha contra la violencia de género.

Importante

El Parlamento Europeo fija en sus resoluciones las directrices, recomendaciones y exigencias que los Estados miembros deben adoptar en sus respectivas legislaciones nacionales.

En cuanto a la asistencia de las mujeres víctimas de violencia de género, el 25 de octubre de 2012 fue aprobada la Directiva 2012/29/UE del Parlamento Europeo y del Consejo, por la que se establecen normas mínimas sobre los derechos, el apoyo y la protección de las víctimas de delitos.

Para analizar y describir esta directiva, se seguirá el análisis organizativo de Pérez (2014), en el que describe los derechos básicos que poseen las víctimas, como: derecho a la información, derecho a la participación, derecho a la protección, derecho a la asistencia y derecho a la reparación.

Derecho a la información

La víctima desde el primer momento será informada sobre sus derechos, y se le facilitará toda la información necesaria para la protección de sus intereses, tales como (Pérez, 2014):

> *Los servicios asistenciales a su disposición; la posibilidad de formular denuncia, así como las actuaciones subsiguientes a este hecho y su papel en las mismas; las posibilidades de obtener protección; los requisitos para ser beneficiaria del sistema de compensación estatal o de la asistencia jurídica gratuita; el modo y las condiciones para tener derecho a interpretación y traducción; los mecanismos especiales de defensa de sus derechos en el caso de ser residente en otro Estado; los procedimientos de reclamación existentes en caso de que la autoridad competente actuante en el marco de un proceso penal no respete sus derechos; los servicios de justicia reparadora existentes; y, el modo y las condiciones para poder obtener el reembolso de los gastos en que hayan incurrido como resultado de su participación en el proceso penal.*

Derecho a la participación

Con el objeto de facilitar la participación de la víctima, se reconoce el derecho a ser escuchada y a aportar cualquier medio de prueba que estime oportuno durante cualquier espacio temporal del proceso penal, no solo durante el proceso, sino también en cualquier actuación previa y posterior, teniendo posibilitado el uso de videoconferencias u otros medios de comunicación a distancia para reducir al mínimo cualquier dificultad en su participación en el proceso.

Derecho a la protección

En cuanto a la toma de declaración y los reconocimientos médicos deberán ocurrir cuando sean estrictamente necesarios y justificados; y la víctima podrá estar acompañada por su abogada/o y por otra persona de su elección.

Además, la víctima dispondrá de medidas especiales de protección (como las medidas cautelares o las órdenes de protección o alejamiento) que garantizarán su seguridad e intimidad y la de sus familiares en aquellas situaciones en que exista riesgo de represalias o una intención clara de perturbar su vida privada. Durante el proceso penal, la víctima tendrá derecho de evitar el contacto visual con el infractor, existiendo también la posibilidad de celebrar la audiencia a puerta cerrada.

Nota

En cuanto a las medidas de protección, el Parlamento Europeo mediante la Directiva 2011/99/UE, de 13 de diciembre de 2011 sobre la orden europea de protección (ratificada en España mediante la Ley 23/2014, de 20 de noviembre, de reconocimiento mutuo de resoluciones penales en la Unión Europea) acuerdan que la orden de protección es una resolución penal que permite que las medidas de protección adoptadas a favor de una víctima, la acompañen en cualquier lugar de la Unión Europea al que se desplace, ocasional o permanentemente.

Derecho a la asistencia

Las víctimas tienen derecho a ser asistidas gratuitamente de forma integral y multidisciplinar tanto en la fase previa, como durante el proceso penal e incluso con posterioridad a este. Dicha asistencia abarcará el ámbito jurídico, social, psicológico y sanitario; y serán prestados por profesionales con formación adecuada dentro de servicios especializados y organizaciones de apoyo, tanto públicas como no gubernamentales, y podrán organizarse con carácter profesional o voluntario, intentando, eso sí, evitar derivar a las víctimas de forma reiterada e innecesaria de un servicio a otro.

Derecho a la reparación

Los Estados garantizarán a la víctima la obtención de indemnización a cargo del infractor en el marco del proceso y en un plazo razonable. Así mismo, el propio sistema policial y judicial debe garantizar que la víctima no sufra daños colaterales innecesarios durante el proceso.

Recuerde

La legislación europea vigente insta a que a las víctimas tengan garantizadas: la participación en los procesos penales con las mayores garantías, poder recibir toda la información necesaria, recibir apoyo, asistencia, reparación del daño y poner a su disposición las medidas de protección adecuadas.

La primera directiva europea que establece normas para luchar contra la violencia contra las mujeres y la violencia doméstica es la Directiva (UE) 2024/1385 del Parlamento Europeo y del Consejo, de 14 de mayo de 2024. Con el objetivo de prevenir y combatir esta violencia, recoge en su articulado las siguientes normas mínimas:

a. *la definición de los delitos y de las sanciones en los ámbitos de la explotación sexual de mujeres y menores y de la delincuencia informática;*
b. *los derechos de las víctimas de todas las formas de violencia contra las mujeres o de violencia doméstica antes de los procesos penales, durante su transcurso y durante un período de tiempo adecuado tras tales procesos;*
c. *la protección y el apoyo a las víctimas, la prevención y la intervención temprana.*

Actividades

13. Según la Directiva Europea 2012/29/UE, ¿qué información deben recibir las víctimas de violencia de género?

5.2. Ley Orgánica 1/2004, de 28 de diciembre de Medidas de Protección Integral contra la Violencia de Género. Orden de alejamiento y medidas de protección

A los efectos de la Ley Orgánica 1/2004, es víctima de violencia de género la mujer que es objeto de cualquier acto de violencia física y psicológica, incluidas las agresiones a la libertad sexual, las amenazas, las coacciones o la privación arbitraria de libertad, ejercido sobre ella por parte de quien sea o haya sido su cónyuge o de quien esté o hayan estado ligado a ella por relaciones similares de afectividad, aun sin convivencia.

Importante

La Ley considera que las situaciones de violencia sobre la mujer afectan también a los menores que se encuentran dentro de su entorno familiar, siendo víctimas directas o indirectas de esta violencia; y por tanto, los hijos y las hijas se incluyen al concepto de víctima.

La Ley Orgánica 1/2004, de 28 de diciembre, de Medidas de Protección Integral contra la Violencia de Género, consagra y garantiza a las víctimas de violencia de género una serie de derechos con la finalidad de que puedan poner fin a la relación violenta y recuperar su proyecto de vida. A su vez, a estos derechos deben unirse todos los derechos que como ciudadanos se tienen reconocidos en las diferentes leyes.

Nota

Todas las mujeres víctimas de violencia de género, con independencia de su origen, religión o cualquier otra condición o circunstancia personal o social, tienen garantizados los derechos reconocidos en la Ley Orgánica 1/2004, de 28 de diciembre.

Asimismo, con la finalidad de reforzar estos derechos se han aprobado distintas normativas, a lo largo de los años, que han modificado sus preceptos. La más reciente es la Ley Orgánica 10/2022, de 6 de septiembre, que da una nueva redacción a, entre otros, los artículos 17, 18, 19, 21, 22 y 23; además, añade el artículo 19 bis y el capítulo V del Título II que trata sobre el derecho de reparación.

El conjunto de derechos que tienen las víctimas pueden agruparse en: los que tienen dentro del propio proceso judicial (derechos procesales) y los que no son otorgados judicialmente (derechos extraprocesales).

Nota

También destacan la Ley 1/2021, de 24 de marzo, de medidas urgentes en materia de protección y asistencia a las víctimas de violencia de género; y la Ley Orgánica 8/2021, de 4 de junio, de protección integral a la infancia y la adolescencia frente a la violencia.

En cuanto a los derechos extraprocesales se clasificarían del modo siguiente:

- **Derecho a la información de todos los derechos que tiene como víctima.** La víctima tiene derecho a recibir plena información y asesoramiento sobre su situación, sobre los recursos y servicios disponibles, acerca de las consecuencias derivadas de la denuncia y sobre los derechos y obligaciones que pueda tener la Administración a partir de ese momento. No puede existir discriminación en el acceso a la información y se ha de facilitar teniendo en cuenta el idioma o lengua oficial de la víctima.
- **Derecho a la asistencia social integral.** Las víctimas, incluido los hijos/hijas tendrán derecho a ser atendidas por los Servicios Sociales, abordando todas las necesidades según cada situación. Entre ellas, se incluye, servicios sociales de atención, emergencias, acogida y recuperación. Y se llevarán a cabo desde una perspectiva multidisciplinar e integral incluyendo atención psicológica, apoyo social, seguimiento de las re-

clamaciones de los derechos de la mujer, apoyo educativo a la unidad familiar, formación preventiva en los valores de igualdad dirigida a su desarrollo personal y a la adquisición de habilidades en la resolución no violenta de conflictos, y apoyo a la formación e inserción laboral.

- **Derechos a la atención sanitaria.** La víctima y sus hijos e hijas tienen derecho a recibir atención sanitaria por parte del Sistema Público de Salud, que garantiza, en todo momento, la atención psicológica (incluida la infantil) y psiquiátrica, y el seguimiento de su estado de salud conforme a las secuelas físicas y psíquicas ocasionadas. Todo ello, con total privacidad, garantizando su intimidad y respetando sus decisiones. El Sistema Público cuenta además con medidas para detectar y asistir a las mujeres con discapacidad, con problemas de salud mental, adicciones u otras casuísticas derivadas de la violencia.
- **Derechos económicos.** Las víctimas en situación de desempleo tendrán derecho a ayudas económicas o cuando presenten dificultades especiales para obtener un empleo (ayuda económica específica para mujeres víctimas de violencia de género con especiales dificultades para obtener un empleo).

  Además, podrán tener acceso prioritario a una vivienda de protección oficial, a una permuta de su vivienda que tenga en régimen de cotitularidad con el agresor y acceso a una plaza en una residencia para la tercera edad, si fuera el caso.

  En la situación de impagos en las pensiones alimenticias, podrán solicitar anticipos a través del Fondo de Garantías de Alimentos.

  A fin de facilitar a las víctimas el acceso a este tipo de ayudas, algunas de estas serán compatibles con otras de carácter autonómico o local que tengan el mismo objetivo.
- **Derecho a la escolarización inmediata de los hijos/as.** Los hijos y las hijas de las víctimas que se vean afectados por un cambio de residencia derivada de los actos de violencia de género, tienen derecho a su escolarización inmediata en su nuevo lugar de residencia.
- **Derecho al cambio de apellidos.** A efectos de lograr su seguridad podrá cambiar de apellidos.
- **Derecho de reparación.** Este derecho le otorga a la víctima la aplicación de una serie de medidas económicas, personales y sociales. Una indemnización por los perjuicios ocasionados por la violencia sufrida, con la que se garantiza la reparación del daño físico, psicológico, material y

social, y la pérdida de oportunidades. La aplicación de cuantas medidas sean necesarias para una recuperación física, psíquica y social plena, a través de los servicios de atención integral. Las actuaciones de reparación simbólica adecuadas para restablecer la dignidad de la víctima, superar cualquier estigmatización y ejercer su derecho de supresión en Internet. El cumplimiento de las garantías de no repetición mediante la aplicación de medidas para la protección efectiva ante represalias o amenazas.

- **Derecho de víctimas extranjeras**. En el caso de que la víctima sea extranjera en situación de irregularidad podrá solicitar una autorización de residencia y trabajo por circunstancias excepcionales como víctima de violencia de género, tanto para ella como para sus hijos e hijas menores y/o discapacitados.

  Para hacer valer sus derechos como víctimas, pueden acreditar su condición de víctima de violencia de género mediante una sentencia condenatoria por delito de violencia de género, concesión de una orden de protección o informe favorable del correspondiente servicio especializado o servicio de acogida destinados a víctimas de violencia de género, pertenecientes a la Administración Pública.

Nota

La asistencia social integral dependerá de la regulación autonómica en cuestión, y de los recursos y servicios otorgados a las entidades locales y centros especializados.

En cuanto a los derechos procesales se encuentran los siguientes:

- **Derecho a una atención e información por servicios especializados.** La víctima deberá ser atendida por personas especializadas en el campo de la violencia de género, tanto por los Cuerpos de Seguridad del Estado, como de los Servicios Sociales y de los órganos jurisdiccionales.

- **Derecho a su asistencia jurídica gratuita desde el inicio.** Tienen derecho a la defensa y representación gratuitas por abogado/a y procurador/a en todos los procesos y procedimientos administrativos que tengan causa directa o indirecta en la violencia padecida.
  Tanto el Colegio de Abogados como el Colegio de Procuradores, adoptarán las medidas necesarias para la designación urgente de letrados y procuradores de oficio especializados en los procedimientos de violencia de género. Asimismo, el abogado estará habilitado para representarla durante el proceso hasta el nombramiento del procurador. Además, la víctima podrá personarse como acusación particular en cualquier momento del procedimiento.
- **Derecho a un tratamiento respetuoso de su intimidad y de protección.** Posibilidad de celebrarse el proceso penal a puerta cerrada y de solicitar el secreto de su localización y el de su familia.
- **Derecho a ser informada sobre la situación procesal del agresor.** La víctima tiene derecho a conocer, en todo momento y de manera inmediata, la situación procesal del agresor (si está ingresado en un centro penitenciario, fechas de salidas de prisión), con el fin de protegerse de posibles nuevas agresiones.
- **Derecho a una gestión adecuada y eficaz de su caso.** La víctima tiene derecho a que todos los funcionarios gestionen su caso con el fin de que exista coordinación suficiente para asegurar su persona en todos los bienes jurídicos protegido por el Código Penal.
- **Derecho a la eficacia en la recogida de las pruebas.** Recogida de información no solo basada en la propia declaración de las víctimas. Puede obtenerse información mediante la declaración de testigos, familiares y otras personas que se encuentren en el entorno de la víctima.
- **Derecho a retractarse de las declaraciones formuladas contra el denunciado ante la comisaría o ante un Juez.** La víctima tiene derecho a cambiar su declaración, tanto retractándose de lo ocurrido, como añadiendo nueva información.
- **Derecho a una protección penal y civil.** La víctima tiene derecho a solicitar medidas de protección para su seguridad y para su familia.

Actividades

14. Según la Ley Orgánica 1/2004, ¿quiénes son considerados como víctimas de violencia de género?
15. ¿Puede una mujer extranjera en situación de irregularidad solicitar una autorización de residencia por circunstancias excepcionales como víctima de violencia de género? Justifique su respuesta.

Orden de alejamiento y medidas de protección

La orden de alejamiento es una medida penal adoptada de forma cautelar que obliga al agresor a adoptar un distanciamiento con respecto a la víctima para asegurarle su integridad física y moral.

La orden de alejamiento comprende:

- Salida del domicilio por parte del agresor.
- Prohibición de aproximación a la víctima y/o a sus familiares u otras personas a la distancia que se determine.
- Prohibición de acudir o volver a determinados lugares: centro de trabajo de la víctima, centros escolares de los hijos o al lugar de la agresión.
- Prohibición de residir en una determinada población.
- Suspensión de las comunicaciones por cualquier medio: carta, teléfono, internet, etc.

En cuanto a la orden de protección, esta es una resolución judicial que dicta el órgano judicial competente en los casos en que, existiendo indicios fundados de la comisión de un delito o falta, aprecia la existencia de una situación objetiva de riesgo para la víctima que requiere la adopción de medidas de protección de la víctima. Estas medidas de protección pueden ser de naturaleza civil y penal.

Nota

Las medidas de protección adoptadas a favor de una víctima, deben garantizarse en cualquier lugar de la Unión Europea al que se desplace, ocasional o permanentemente.

Entre las medidas penales pueden acordarse:

- Orden de alejamiento en cualquiera de las formas mencionadas anteriormente.
- Omisión de datos relativos al domicilio de la víctima.
- Protección judicial de la víctima en las oficinas judiciales.
- Detención o prisión provisional del agresor.
- Incautación y prohibición de tenencia de armas al agresor.

Con respecto a las medidas de naturaleza civil que pueden adoptarse se encuentran las siguientes:

- Asignación a la víctima del uso y disfrute de la vivienda, el mobiliario y el ajuar familiar.
- La atribución de la guarda y custodia de los hijos menores a la víctima.
- La suspensión al agresor del ejercicio de la patria potestad.
- La suspensión del régimen de comunicaciones, visitas y estancias del agresor con los hijos o determinación de la forma en que esta debe llevarse a cabo, por ejemplo, a través de un punto de encuentro.
- La fijación de una prestación de alimentos y/o de la pensión compensatoria.
- Cualquier otra medida que sea necesaria para apartar a los menores de un peligro o evitarles perjuicios.

Definición

Pensión alimenticia
Pensión dirigida a todo lo indispensable para el sustento, habitación, vestido y asistencia médica, así como educación e instrucción de los hijos e hijas no independientes.

Pensión compensatoria
Pensión que se establece cuando la separación o divorcio, produce un desequilibrio económico entre ambos cónyuges, o un claro empeoramiento en la posición económica de uno respecto al otro.

La solicitud de la orden de protección puede efectuarla la propia víctima, sus familiares más cercanos, su abogado, o el Ministerio Fiscal. Sin perjuicio del deber de denuncia, los Servicios Sociales que conozcan su situación, deberán ponerlos en conocimiento del órgano judicial o del Ministerio Fiscal para que se pueda instar el procedimiento para la adopción de la orden de protección.

El juzgado debe dictar la orden de protección en el plazo máximo de 72 h desde su presentación, tras una comparecencia de la víctima y el agresor. La Ley establece que esta comparecencia deberá realizarse por separado, evitando así el contacto visual y la confrontación entre ambos.

Procedimiento de la Orden de Protección

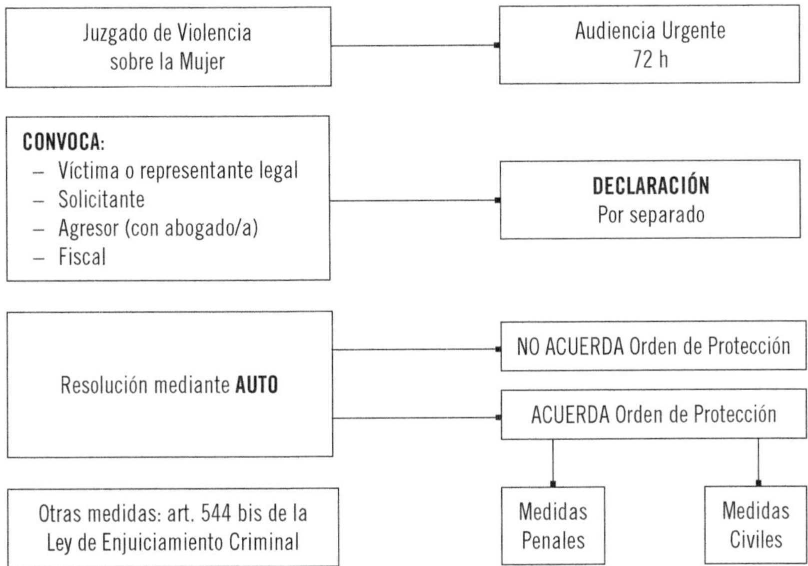

Fuente: Protocolo interinstitucional de Atención en Materia de Violencia de Género de la Ciudad de Melilla (2014).

Importante

Cuando no se presenta denuncia, la propia solicitud de la orden de protección tiene esta consideración.

Actividades

16. ¿Cuántas solicitudes de orden de protección han sido solicitadas en el último año en España?
17. Busque el formulario de solicitud de orden de protección. Léalo y familiarícese con los datos que deben cumplimentarse.

5.3. Plan Integral de Lucha contra la Trata

La trata de seres humanos tiene múltiples formas, entre las que se podrán encontrar el tráfico de personas con el fin de explotarlos sexualmente (prostitución, turismo sexual, compra de novias por correspondencia y matrimonios serviles), la extracción y comercio de órganos y el tráfico de seres humanos con fines de explotación laboral (servidumbre), todo ello con el propósito de obtener un beneficio económico por su explotación. La explotación sexual afecta principalmente a mujeres y niñas, siendo una prueba más de la desigualdad de las mujeres en muchos lugares del mundo y, por tanto, un claro ejemplo de violencia de género.

El Plan Estratégico Nacional contra la Trata y la Explotación de Seres Humanos 2021-2023 (PENTRA) tenía como objetivo principal: *garantizar la adecuada protección, asistencia y recuperación de las víctimas de la trata y explotación de seres humanos a la vez que se neutraliza la amenaza que supone la criminalidad organizada y grave que opera en estos ámbitos.* Contaba con un total de 62 medidas clasificadas en cinco prioridades: detección y prevención, tratamiento integral a la víctima, persecución del delito, cooperación y coordinación, y mejora del conocimiento. Y con la doble finalidad de reforzar las medidas que ya se estaban aplicando y promover las nuevas actuaciones.

El Plan operativo para la protección de los derechos humanos de mujeres y niñas víctimas de trata, explotación sexual y mujeres en contextos de prostitución (2022-2026), llamado "Plan Camino", nace con el fin de llevar a la práctica las medidas contenidas en la Ley Orgánica 10/2022, de 6 de septiembre y completar las acciones del PENTRA. Se rige por los siguientes **principios:**

- Respeto, protección y garantía de los derechos humanos de las víctimas.
- Diligencia debida institucional en la adopción de medidas de prevención y protección, y en la aplicación de procedimientos de reparación del daño, recuperación y reintegración.
- Inclusión del enfoque de género en las medidas que aplicar.
- No discriminación interseccional y múltiple, y prevención de estereotipos.
- Máximo nivel de protección de los derechos de niños/as y adolescentes.

Su objetivo general consiste en "Prevenir y detectar la trata con fines de explotación sexual y la explotación sexual, reforzando la asistencia integral, la protección y reparación de las mujeres y niñas víctimas de trata con fines de explotación sexual, explotación sexual y de mujeres en contextos de prostitución, a través de la consolidación de medidas y acciones institucionales que faciliten la garantía efectiva de los derechos humanos". Para su cumplimiento, el plan operativo cuenta con una serie de objetivos específicos que están relacionados con las cinco líneas de actuación en las que se desarrolla, y que son:

1. Investigación y recogida de datos.
2. Prevención y desincentivo de la demanda.
3. Información, detección multiagencia y acreditación de las víctimas.
4. Atención integral sanitaria y social especializada, autonomía económica y apoyo habitacional.
5. Identificación formal y regularidad documental.

Cada una de las cinco líneas de actuación incluye unos objetivos específicos, las medidas que aplicar a corto, medio y largo plazo, y su periodo de implantación.

Sabía que...

El número de persona en España en situación de riesgo de explotación sexual aumentó de 6.655 personas en 2022 a 7.049 personas en 2023, según el Balance estadístico de trata y explotación de seres humanos en España del Centro de Inteligencia contra el Terrorismo y el Crimen Organizado.

Aplicación práctica

Sonia una chica de 23 años, de nacionalidad rusa, acude a un centro de la mujer asesorada por una amiga suya. Sonia relata que vino a España por medio de una agencia con la promesa de trabajar como modelo, pero al llegar encontró una realidad diferente: había caído en las manos de una red de tráfico de mujeres y la obligaron a prostituirse.

Continúa en página siguiente >>

<< Viene de página anterior

¿Qué información se le debe facilitar? ¿Qué derechos tiene?

SOLUCIÓN

Se le deberá facilitar información sobre los recursos y servicios disponibles en la zona y recomendación para que se ponga en contacto con los Servicios y Cuerpos de Seguridad del Estado.

Se le informará que una vez que lo ponga en conocimiento de las Fuerzas y Cuerpos de Seguridad del Estado, se le facilitarán protección policial, y no se le expulsará del país por su situación irregular de residencia. Y se le facilitará alojamiento, se le asignará una ayuda económica, tendrá tratamiento médico y psicológico.

5.4. Leyes a nivel autonómico

En la disposición final quinta de la Ley Orgánica 1/2004, de 28 de diciembre, de Medidas de Protección Integral contra la Violencia de Género, establece que todas las Comunidades Autónomas, en el ámbito de sus respectivas competencias, adaptarán su normativa a las previsiones establecidas en la Ley Orgánica mencionada.

Actualmente, las Comunidades Autónomas tienen vigentes diferentes leyes contra la violencia de género. Asimismo, se han promulgado normas relativas al empleo y a la vivienda, y se han creado Observatorios de Género, así como distintos Protocolos de actuación y Planes integrales para la asistencia de los derechos de las víctimas de violencia de género.

A continuación, se recoge una relación de la normativa autonómica vigente en materias de violencia de género en las distintas Comunidades Autónomas:

- **Andalucía:** Ley 13/2007 de 26 de noviembre, de Medidas de Prevención y Protección Integral contra la Violencia de Género.
- **Aragón:** Ley 4/2007, de 22 de marzo, de Prevención y Protección Integral a las Mujeres Víctimas de Violencia en Aragón.
- **Cantabria:** Ley de Cantabria 1/2004, de 1 de abril, Integral para la Prevención de la Violencia contra las Mujeres y la Protección a sus Víctimas.

- **Castilla-La Mancha:** Ley 4/2018, de 8 de octubre, para una Sociedad Libre de Violencia de Género en Castilla-La Mancha.
- **Castilla y León:** Ley 13/2010, de 9 de diciembre, contra la Violencia de Género en Castilla y León.
- **Cataluña:** Ley 5/2008, de 24 de abril, de los derechos de las mujeres a erradicar la violencia machista.
- **Comunidad Valenciana:** Ley 7/2012, de 23 de noviembre, de la Generalitat, Integral contra la Violencia sobre la Mujer en el ámbito de la Comunitat Valenciana.
- **Extremadura:** Ley 8/2011, de 23 de marzo, de Igualdad entre Mujeres y Hombres y contra la Violencia de Género en Extremadura.
- **Galicia:** Ley 11/2007, de 27 de julio, gallega para la Prevención y Tratamiento Integral de la Violencia de Género.
- **Illes Balears:** Ley 11/2016, de 28 de julio, de igualdad de mujeres y hombres.
- **Islas Canarias:** Ley 16/2003, de 8 de abril, de Prevención y Protección Integral de las Mujeres contra la Violencia de Género.
- **La Rioja:** Ley 3/2011, de 1 de marzo, de prevención, protección y coordinación institucional en materia de violencia en La Rioja. Y Ley 11/2022, de 20 de septiembre, contra la Violencia de Género de la Rioja.
- **Madrid:** Ley 5/2005, de 20 de diciembre, Integral de Violencia de Género de la Comunidad de Madrid.
- **Murcia:** Ley 7/2007, de 4 de abril, para la Igualdad entre Mujeres y Hombres, y de Protección contra la Violencia de Género en la Región de Murcia.
- **Navarra:** Ley Foral 14/2015, de 10 de abril, para actuar contra la violencia hacia las mujeres.
- **País Vasco:** Decreto Legislativo 1/2023, de 16 de marzo, por el que se aprueba el texto refundido de la Ley para la Igualdad de Mujeres y Hombres y Vidas Libres de Violencia Machista contra las Mujeres.
- **Principado de Asturias:** Ley 2/2011, de 11 de marzo, para la igualdad de mujeres y hombres y la erradicación de la violencia de género.

Actividades

18. Busque la normativa vigente correspondiente a la Comunidad Autónoma en la que reside. Léela y anote los derechos que asisten a las víctimas.
19. La normativa vigente en su Comunidad Autónoma, ¿cumple con las exigencias mínimas que deben garantizarse a las víctimas según el Parlamento Europeo? Justifique la respuesta.

6. Reconocimiento de protocolos de actuación ante situaciones de violencia contra las mujeres: consideración de situaciones de especial vulnerabilidad

Un protocolo de actuación es un documento elaborado por profesionales expertos en el cual se han clarificado las actividades, decisiones, procedimientos y actuaciones a realizar ante una situación determinada en el entorno de intervención, en este caso, en materia de violencia de género.

Nota

El protocolo debe ir firmado por todas las administraciones, organismos y entidades con responsabilidad en materia de violencia de género en un determinado territorio.

Los elementos necesarios que se deben tener en cuenta para identificar y reconocer cualquier protocolo existente en materias de violencia de género son:

- Planteamiento del problema existente: ¿qué problema ocurre?, ¿dónde ocurre?, ¿a quién le ocurre?, ¿cómo ocurre?, ¿cuánto ocurre?
- Los objetivos propuestos.
- Hacia qué profesionales va dirigido y en qué ámbito está orientado.

- Línea de actuación establecida. El Protocolo establece el procedimiento y constituye la norma básica de actuación incluyendo las herramientas, acciones y decisiones que se deben tomar.
- Recursos y servicios disponibles.
- Línea de coordinación necesaria entre los diferentes organismos, instituciones y entidades para realizar una atención rápida, coordinada y eficaz.

Importante

Un protocolo de actuación indica qué se debe hacer, en qué momento y quién tiene competencias para realizarlo.

De forma general, los planes y protocolos de actuación tendrán como objetivo garantizar la ordenación de las actuaciones y procedimientos de prevención, detección, asistencia, protección y persecución de los actos de violencia de género en colaboración con todos los profesionales encargados en el entorno de intervención.

El entorno de intervención comprende los siguientes ámbitos de actuación: sanitario, seguridad, judicial, social, asociativo, económico y laboral, educativo y coordinación interinstitucional.

Para cada ámbito de actuación se han elaborado diferentes planes y protocolos de actuación, como se verá en el siguiente apartado.

6.1. Protocolos de actuación existentes

Las distintas Administraciones del Estado, Autonómicas y Locales han creado diferentes protocolos de actuación y de coordinación en todas las instituciones y servicios en las que se trabaja con víctimas de violencia de género, haciendo especial hincapié en las situaciones de especial vulnerabilidad.

Los protocolos necesarios de aplicación de los distintos ámbitos de intervención que se encuentran actualmente son los que se describen a continuación.

Ámbito sanitario

En el **ámbito sanitario** se encuentra el Protocolo Común para la Actuación Sanitaria ante la Violencia de Género en el Sistema Nacional de Salud (2012). En dicho protocolo se establecen distintos planes de actuación según las circunstancias presentes, así como indicaciones generales y directrices para llevar a cabo una actuación adecuada.

De este modo, en este protocolo se puede encontrar:

- Recomendaciones generales para la actuación sanitaria.
- Indicadores de sospecha y situaciones de vulnerabilidad.
- Detección y valoración en hijas e hijos.
- Actuación en situaciones de urgencias.
- Actuación ante agresiones sexuales.
- Actuación sanitaria con hombres que ejercen violencia contra las mujeres.
- Información necesaria sobre el parte de lesiones e informe médico.
- Plan de atención a la mujer que presenta indicadores de sospecha pero no reconoce sufrir malos tratos.
- Plan de atención a la mujer que reconoce sufrir malos tratos pero no se encuentra en peligro extremo.
- Plan de atención a la mujer que reconoce sufrir malos tratos y se encuentra en peligro extremo.

Además de este protocolo, el sistema Nacional de Salud cuenta con otros dos de carácter más específico, como son: Protocolo común del SNS para la actuación sanitaria ante la violencia sexual (2023) y Protocolo común de Actuación Sanitaria frente a la Violencia en la Infancia y Adolescencia (2023).

Para conocer las actuaciones que deben llevarse a cabo en el Servicio de Urgencias, ante un caso de violencia de género los profesionales sanitarios deberán consultar el protocolo de actuación que se adapte a la situación existente. Y deberán poner en marcha, de forma general, las siguientes actuaciones:

1. Actuación de detección de violencia.
2. Actuación asistencial.
3. Valoración de la seguridad: es necesario valorar la seguridad y el riesgo en que se encuentra la mujer.
4. Información y derivación oportunas en función del caso.

Además, la obligación legal se cumple con la remisión del parte de lesiones al Juzgado de Guardia o Juzgado de Violencia sobre la Mujer. Y en los supuestos de peligro extremo, se avisará a las Fuerzas y Cuerpos de Seguridad para garantizar la seguridad de la mujer.

Ámbito policial

En el **ámbito policial** las Fuerzas y Cuerpos de Seguridad del Estado deben poner en práctica actuaciones, para garantizar la protección, seguridad y en definitiva los derechos de las víctimas, según un conjunto de protocolos. Entre los más recientes están:

- Protocolo Cero. Protocolo de primer contacto policial con víctimas de Violencia de Género en situación de desprotección (2021).
- Instrucción 4/2019, de la Secretaría de Estado de Seguridad, por la que se establece un nuevo protocolo para la valoración policial del nivel de riesgo de violencia de género (Ley Orgánica 1/2004), la gestión de la seguridad de las víctimas y seguimiento de los casos a través del sistema de seguimiento integral de los casos de violencia de género (Sistema VIOGÉN).
- Protocolo de Actuación del Sistema de Seguimiento por Medios Telemáticos del Cumplimiento de las Medidas y Penas de Alejamiento en Materia de Violencia de Género (2013).

- Instrucción n.º 7/2016, por la que se establece un nuevo protocolo para la valoración policial del nivel de riesgo de violencia de género (Ley Orgánica 1/2004) y de gestión de la seguridad de las víctimas.

Ámbito jurídico

En el **ámbito jurídico** los profesionales tienen a su disposición los siguientes protocolos de actuación:

- Protocolo de Actuación en el ámbito penitenciario del sistema de seguimiento por medios telemáticos del cumplimiento de las medidas y penas de alejamiento en materia de violencia de género (2015).
- Protocolo de valoración forense urgente del riesgo de violencia de género, (2020).

Ámbito interinstitucional

En el **ámbito interinstitucional,** las Administraciones Autonómicas y Locales han desarrollado y firmado acuerdos interinstitucionales, aprobando protocolos donde se establecen los procedimientos de actuación para la coordinación de los diferentes recursos, servicios e instituciones existentes, con el objetivo fundamental de coordinar en un plan de actuación todos los servicios existentes y así garantizar a las víctimas sus derechos fundamentales.

Entre los muchos protocolos de intervención interinstitucional existentes se citarán, algunos de los más recientes:

- Protocolo de Coordinación Interinstitucional para la Prevención de la Violencia de Género y Atención a las Víctimas en Aragón (2018).
- Protocolo de Coordinación Interinstitucional para la Atención de las Víctimas de Violencia de Género en la Comunidad Autónoma Canaria (2018).
- Protocolo Interdepartamental para la prevención y erradicación de la violencia de género en Extremadura (2018).
- Protocolo Interinstitucional de Actuación en Materia de Violencia de Género en la Ciudad Autónoma de Melilla (2019).

Nota

Todos los protocolos comentados en este apartado deben tener en consideración las situaciones de especial vulnerabilidad que se comentarán en el siguiente apartado.

6.2. Consideración de situaciones de especial vulnerabilidad

En este apartado, se describirán las situaciones que conlleva a las mujeres a una situación de mayor vulnerabilidad frente a la violencia de género.

En esta línea, la Estrategia Estatal para Combatir las Violencias Machistas 2022-2025 establece medidas para las diversas formas de violencia machista que se puedan dar en los distintos ámbitos.

Importante

Cada protocolo, aunque no recoja todas las situaciones posibles de violencia, sí debe prever los mecanismos necesarios para dar asistencia y protección a todas las víctimas, especialmente en las situaciones de vulnerabilidad.

Los grupos y situaciones que resultan de especial vulnerabilidad, y que deben tener especial valoración y atención por los distintos profesionales del entorno de intervención son:

- **Adolescentes:** es la edad de comienzo de las relaciones interpersonales y se observa que un porcentaje de las adolescentes justifican la violencia de género. Además, existen nuevas formas de ejercer violencia de género a través del uso de las nuevas tecnologías.

- **Menores:** la exposición a la violencia de género y el padecimiento directo del maltrato pueden considerarse equivalentes generando consecuencias nefastas en la salud de los menores. Además, los menores suelen ser utilizados, como instrumentos de violencia hacia la mujer.
- **Mujeres con diversidad funcional (discapacidad):** las mujeres con discapacidad son víctimas de violencia de género con mayor frecuencia que las mujeres que no sufren discapacidad.
- **Mujeres que pertenecen al grupo de edad de 65 o más años:** este grupo de edad es el que menos denuncia. La tolerancia a las situaciones de maltrato suele ser alta por tener mayor interiorización del rol tradicional de la mujer, y les resulta mucho más difícil decidir cambios o la posibilidad de ruptura con la pareja.
- **Mujeres embarazadas:** las mujeres embarazadas se encuentran en una situación de especial vulnerabilidad debido a su estado de gestación, ya que cualquier tipo de violencia a la que se encuentre o pueda encontrarse sometida puede repercutir negativamente en la salud de ella y en la de su fututo hijo o futura hija.
- **Mujeres extranjeras:** las mujeres inmigrantes pueden estar en situación irregular administrativa y tener un temor especial a revelar su situación.
- **Mujeres pertenecientes a minorías étnicas:** presencia de creencias irreales sobre la violencia de género, ausencia de confianza en los recursos y servicios del entorno de protección (policía, jurídicos, etc.), e incluso temer denunciar y/o manifestar su situación, por miedo a sufrir por su vida o que se convierta en un conflicto entre las dos familias, la suya y la del progenitor.
- **Las víctimas que residen en el ámbito rural o en localidades pequeñas:** el tamaño del lugar de residencia puede tener un efecto condicionante a la hora de manifestar que se sufre violencia de género. En los municipios más pequeños, el número de mujeres que se declaran víctimas de violencia es inferior a la media.

Tres agentes de igualdad analizan un caso de violencia de género. Tienen ciertas dudas sobre cuál es el procedimiento de actuación en los servicios de urgencias de los hospitales cuando una víctima acude.

¿Qué protocolo cree que deberían consultar para aclarar sus dudas? Descríbalo en líneas generales.

SOLUCIÓN

Deberán consultar algunos de los protocolos comunes existentes en el ámbito sanitario, que dependerá de la situación específica de que se trate. Estos son: Protocolo común para la actuación sanitaria ante la violencia de género (2012), Protocolo común del SNS para la actuación sanitaria ante la violencia sexual (2023) y Protocolo común de Actuación Sanitaria frente a la Violencia en la Infancia y Adolescencia (2023).

Y el procedimiento a seguir, en líneas generales será:

1. Actuación de detección de violencia.
2. Actuación asistencial.
3. Valoración de la seguridad: es necesario valorar la seguridad y el riesgo en que se encuentra la mujer.
4. Información y derivación oportunas en función del caso.

Además, los y las profesionales tienen la obligación legal de remitir el parte de lesiones al Juzgado de Guardia o Juzgado de Violencia sobre la Mujer.

Y en los supuestos de peligro extremo, se avisará a las Fuerzas y Cuerpos de Seguridad del Estado para garantizar la seguridad de la mujer.

7. Gestión de recursos

Con el fin de apoyar y promover los derechos y las necesidades de las víctimas existen diversos servicios y recursos a nivel estatal, autonómico y local. La gestión de los recursos es una labor necesaria para facilitar a las víctimas una atención eficaz e integral.

En este apartado se recogerán los servicios y recursos específicos disponibles. Así como, algunas herramientas para facilitar la localización de estos y de otros servicios en el entorno de intervención.

7.1. Específicos de atención: teléfono de información y asesoramiento gratuito 24 horas, atención, puntos de encuentro

Entre los recursos específicos, se encuentran los teléfonos de información y asesoramiento gratuito, los recursos de atención, los puntos de encuentro y puntos violeta. A continuación, se explicarán cada uno de estos recursos.

Teléfonos de Información y Asesoramiento Gratuito 24 h

Entre los teléfonos de información y asesoramiento, destacan a nivel nacional los siguientes:

- El servicio telefónico **016.**
- El teléfono gratuito del Instituto de las Mujeres **900 191 010.**
- El teléfono de atención social especializada **900 100 009.**

El Servicio de Atención Telefónica del Instituto de las Mujeres 900 191 010 es un servicio gratuito donde ofrecen información y atención sobre aspectos jurídicos relacionados con los derechos de las mujeres. Este servicio ofrece también atención telefónica para mujeres sordas (DTS): **900 152 152.**

No obstante, existen otros recursos telefónicos gratuitos que ponen a disposición los diferentes organismos e instituciones autonómicas y locales. Entre los existentes se citan, como ejemplo, el Servicio Telefónico de Información a la Mujer 24 h del Instituto Andaluz de la Mujer: **900 200 999.**

Este apartado, se centrará en describir el servicio telefónico 016.

Teléfono 016

Este servicio telefónico tiene como objetivo facilitar información y asesoramiento jurídico a las víctimas de violencia de género en todo el territorio nacional, con independencia de su lugar de residencia, garantizando así el derecho a la información para asegurar su atención, el ejercicio de sus derechos y el acceso a los recursos puestos a su disposición.

Servicio de atención telefónica y online en relación con la violencia contra las mujeres

Nota

El número 016 no aparece reflejado en la factura del teléfono desde donde se realice la llamada.

Los canales que están disponibles en este servicio son:

- Atención telefónica: 016
- Atención por correo electrónico: 016-online@igualdad.gob.es
- Atención por WhatsApp: 600 000 016
- Atención por chat *online* en la web de DGVG: violenciagenero.igualdad.gob.es

Las características del servicio telefónico 016 son:

- Atención gratuita y profesional.
  - Atención las 24 h del día los 365 días del año.
  - Atención de consultas procedentes de todo el territorio nacional.
  - Derivación de llamadas de emergencia al 112.
  - Coordinación de servicios similares de las Comunidades Autónomas.
  - Información a las mujeres víctimas de violencia de género y a su entorno sobre qué hacer en caso de maltrato.
  - Información sobre recursos y derechos de las víctimas en materia de empleo, servicios sociales, ayudas económicas, recursos de información, de asistencia y de acogida para víctimas.
  - Asesoramiento jurídico.
  - Atención en 52 idiomas.
  - Derivación de llamadas realizadas por menores de edad al Teléfono ANAR de Ayuda a Niños y Adolescentes: **900 202 010.**
  - Derivación de llamadas relacionadas con la trata de mujeres y niñas con fines de explotación sexual al teléfono: **900 105 090.**

Las personas con discapacidad auditiva y/o del habla pueden comunicarse con el 016 a través de los siguientes medios:

- Teléfono de texto (DTS) a través del número **900 116 016.**
- Servicio Telesor a través de la propia página web de Telesor (https://www.telesor.es). En este caso se precisa conexión a internet.
- Apps para teléfonos móviles.
- Servicio de videointerpretación SVIsual (a través de la página http://www.svisual.org).

Recursos dirigidos a la atención

Existe una amplitud de recursos destinados a la atención a las víctimas. A continuación se describen, entre otros, los servicios siguientes:

- Atención Sanitaria.
- Atención de las Fuerzas y Cuerpos de Seguridad del Estado.

- Servicio de Atención y Protección para Víctimas de Violencia de Género (ATENPRO).
- Centros de Atención a la Mujer.

Atención Sanitaria

Desde los Servicios de Atención de Urgencias, Atención Primaria y Especializada se realiza actuaciones dirigidas a la atención de la salud física, psicológica y psiquiátrica de las víctimas, así como la detección precoz de la violencia de género y la prevención de la misma. En cuanto a las situaciones de emergencia y de urgente necesidad se puede acceder mediante el número de teléfono 112 al centro de emergencias.

Centro de emergencias 112

El número telefónico **112** es el acceso a los servicios de atención de urgencias en todo el territorio nacional. Es un servicio gratuito de asistencia y atención inmediata en todo el territorio nacional, dirigido a los ciudadanos y ciudadanas que se encuentren en una situación de urgente necesidad, incluyendo, por tanto, las situaciones de agresiones en violencia de género.

Atención procedente de las Fuerzas y Cuerpos de Seguridad del Estado

Dentro de los Cuerpos de Seguridad del Estado se encuentran unidades y servicios específicos en materias de violencia de género tales como:

- Unidades de Atención a la Familia y Mujer (UFAM) del Cuerpo Nacional de Policía.
- Unidad de policía adscrita a la Comunidad Autónoma.
- Equipo de Mujer-Menor de la Guardia Civil (EMUME).
- Unidades especializadas en violencia de género de la policía local.

Con el objetivo de mejorar la protección y seguridad de las víctimas, en julio de 2007 se creó un Servicio de Seguimiento Integral en los casos de Violencia de Género **(Sistema VioGén).**

Este servicio consiste en una aplicación informática, que recoge los datos relativos a la valoración del riesgo realizada por las distintas Fuerzas y Cuerpos de Seguridad del Estado y de las Policías Autonómicas, con lo dispuesto en el *Protocolo para la Valoración Policial del Nivel de Riesgo de Violencia sobre la Mujer en los supuestos de la Ley Orgánica 1/2004, de 28 de diciembre.*

Además, existen otros recursos para garantizar la protección de las víctimas y asegurar el cumplimiento de las medidas de alejamiento. Tal es el caso, de los **dispositivos para el seguimiento telemático de las medidas de prohibición de aproximación.**

Este sistema permite obtener información actualizada y permanente sobre los dispositivos electrónicos (pulseras telemáticas) utilizados para garantizar el cumplimiento de las medidas judiciales impuesta a los agresores sobre sus víctimas, como son la orden de alejamiento.

Servicio ATENPRO

El Servicio Telefónico de Atención y Protección para Víctimas de la Violencia de Género (ATENPRO) es una modalidad de servicio que ofrece a las víctimas de violencia de género una atención inmediata las 24 h del día, los 365 días del año y sea cual sea el lugar en que se encuentren.

El servicio se basa en la utilización de tecnologías de comunicación, telefonía móvil y de telelocalización. Permite que las mujeres víctimas de violencia de género puedan entrar en contacto, con un centro atendido por personal específicamente preparado para dar una respuesta adecuada a su situación, bien por sí mismo o movilizando otros recursos humanos y materiales existentes en la comunidad.

Para solicitar el servicio, las víctimas deben cumplir lo siguiente:

- No convivir con la persona o personas que les han sometido a maltrato.
- Participar en los programas de atención especializada para víctimas de violencia de género existentes en su territorio autonómico.
- Aceptar la normativa del servicio.

Nota

Para obtener más información del Servicio puede consultar el Protocolo de Actuación del Servicio ATENPRO o llamar al teléfono: 900 22 22 92.

Centros de Atención a la Mujer

El Instituto de las Mujeres dispone de Centros de Atención a la Mujer en las Comunidades Autónomas y provincias españolas. Para obtener información de los Centros de la Mujer disponibles, la página web del Instituto pone a disposición un recurso de búsqueda. Además, se puede realizar consultas *online* mediante la página web del Instituto de las Mujeres (http://www.inmujer.gob.es/servRecursos/consulta.do). Desde este recurso se pueden realizar diversas consultas y se puede obtener información sobre los derechos que asisten a las víctimas.

Puntos de Encuentro Familiar

Es un recurso social especializado y dirigido a las familias para que se puedan producir en un marco de seguridad y bienestar los distintos regímenes de visitas, así como la comunicación y estancia de los y las menores con sus progenitores según la resolución judicial establecida.

Este servicio se caracteriza por ser un espacio neutral que se crea con la intención de velar por el principio del interés superior del menor garantizando la normalización de las relaciones de los niños y niñas con sus familiares, cuando se han producido situaciones de conflicto familiar.

En este servicio se accede por derivación de los juzgados o del Servicio de Protección de Menores mediante un Protocolo de Derivación que contiene los datos de los miembros de la familia y la información relativa a cómo han de desarrollarse las visitas (modalidad de visita, previsión de duración, motivo por el que se deriva y los objetivos que se pretenden conseguir).

Punto Violeta

El Ministerio de Igualdad ha creado este instrumento para hacer participe a toda la sociedad en la lucha contra la violencia machista. A través de él se da a conocer la información necesaria para actuar ante esta situación y acercar los servicios a las víctimas.

Las herramientas de las que dispone el Punto Violeta consisten en:

- Una Guía de actuación frente a la violencia machista.
- Materiales diversos para empresas, asociaciones, organismos públicos, etc., tales como carteles y adhesivos provisto de un código QR que redirige al usuario a la guía de actuación.
- Distintivo de identificación de personas colaboradoras en la lucha contra la violencia machista.

Aplicación práctica

Una mujer acude a usted, como agente de igualdad que es, con la intención de obtener información. Ella le comenta que ha pensado llamar en varias ocasiones al 016 pero no sabe para qué sirve ni qué servicios ofrece. Ante estas dudas, usted que tiene una hoja con los servicios y características relativas al servicio de atención telefónica, se la entrega y la lee junto a ella, despejando todas las dudas de la usuaria.
Realice el contenido de dicha hoja informativa.

SOLUCIÓN

Servicios:

- Atención telefónica: 016
- Atención por correo electrónico: 016-online@igualdad.gob.es
- Atención por WhatsApp: 600 000 016
- Atención por chat *online* en la web de DGVG: violenciagenero.igualdad.gob.es

Continúa en página siguiente >>

<< Viene de página anterior

Características del servicio 016:

- Atención gratuita y profesional.
- Atención las 24 h del día los 365 días del año.
- Atención de consultas procedentes de todo el territorio nacional.
- Derivación de llamadas de emergencia al 112.
- Coordinación de servicios similares de las Comunidades Autónomas.
- Información a las mujeres víctimas de violencia de género y a su entorno sobre qué hacer en caso de maltrato.
- Información sobre recursos y derechos de las víctimas en materia de empleo, servicios sociales, ayudas económicas, recursos de información, de asistencia y de acogida para víctimas.
- Asesoramiento jurídico.
- Atención en 52 idiomas.
- Derivación de llamadas realizadas por menores de edad al Teléfono ANAR de Ayuda a Niños y Adolescentes: 900 202 010.
- Derivación de llamadas relacionadas con la trata de mujeres y niñas con fines de explotación sexual al teléfono: 900 105 090.
- Las personas con discapacidad auditiva y/o del habla pueden comunicarse con el 016 a través de los siguientes medios:

  - Teléfono de texto (DTS) a través del número 900 116 016.
  - Servicio Telesor a través de la propia página web de Telesor (https://www.telesor.es). En este caso se precisa conexión a internet.
  - Apps para teléfonos móviles.
  - Servicio de videointerpretación SVIsual (a través de la página http://www.svisual.org).

7.2. No específicos en el contexto de intervención

Existen servicios no especializados únicamente en materias de violencia de género. Pero debido a la necesidad de abordarla de manera integral y multidisciplinar, se han creado unidades y recursos asistenciales con profesionales formados en esta materia para proteger los derechos de las víctimas.

Entre estos recursos se encuentran los referentes a:

- Servicios y Oficinas de Atención a las Víctimas.
- Servicios Sociales y Comunitarios.
- Servicios de Acogimiento Temporal.
- Recursos para la Atención y Prevención de Violencia de Género desde los Centros Educativos.
- Recurso para la atención de mujeres desde instituciones penitenciarias.
- Recursos económicos y de reinserción laboral desde los Servicios Públicos de Empleo.
- Recursos asistenciales destinados a mujeres desde asociaciones, ONG y fundaciones.

Servicio y Oficinas de Asistencia a las Víctimas

Son un servicio público y gratuito implantado por el Ministerio de Justicia de acuerdo con la Ley 35/1995, de 11 de diciembre, de Ayuda y Asistencia a las Víctimas y desarrollado por la Ley 1/2021, de 24 de marzo, de medidas urgentes en materia de protección y asistencia a las víctimas de violencia de género. En este servicio se realizan acciones de información, asesoramiento y acompañamiento a las víctimas según sus necesidades. Además realizan una importante labor de coordinación entre las diferentes instituciones y organismos para garantizar los derechos de las víctimas.

Nota

Cuando existe la necesidad de aplicar una medida de protección, el psicólogo de la oficina establece un plan de apoyo psicológico y emocional para evitar que se produzca la victimización secundaria.

Servicios Sociales y Comunitarios

Desde los Servicios Sociales, ya sean autonómicos o locales, existen recursos dirigidos a la asistencia social integral, contemplando la situación de las mujeres con discapacidad, mujeres inmigrantes, mujeres mayores, mujeres en el contexto rural y perteneciente a minorías étnicas, así como la atención de menores.

Servicios de Acogimiento Temporal: centros de emergencia, casas de acogida y pisos tutelados

Entre los servicios de acogimiento temporal se encuentran los centros de emergencia, las casas de acogida y los pisos tutelados, y estos son centros destinados al alojamiento y acogimiento temporal de las mujeres y a los menores a su cargo víctimas de violencia de género, que se encuentren ante la necesidad urgente de protección y seguridad.

En estos centros además del alojamiento, se les facilita manutención, asesoramiento, información y acompañamiento especializado a los distintos recursos y servicios que necesiten.

Importante

Estos servicios son un recurso que facilitan el alojamiento temporal de las víctimas que tienen que abandonar su domicilio habitual y/o no disponen de otro lugar seguro donde alojarse.

Atención y Prevención de Violencia de Género desde los Centros Educativos

Desde los centros educativos existen protocolos de prevención y de actuación para abordar el problema de la violencia de género desde este ámbito educativo.

De este modo, cualquier profesional perteneciente a la comunidad educativa que ante el conocimiento o sospecha de una situación de Violencia de

Genero, en la que esté afectado el alumnado del centro, tiene obligación de comunicarlo inmediatamente al equipo directivo. Y así poder adoptar todas las medidas necesarias para la atención de los actos de violencia de género que puedan tener lugar.

Atención desde instituciones penitenciarias: Programa *Sermujer.eS*

El programa *Sermujer.eS* es un programa de prevención e intervención de violencia de género para las mujeres internas en los centros penitenciarios.

Este programa va dirigido tanto a las mujeres que han sido víctimas de violencia de género, como a las que pueden estar en riesgo de padecerlo. Por tanto, tiene un carácter preventivo y terapéutico.

Las que asistan a este programa podrán adquirir estrategias y conocimientos para hacer frente a las situaciones de violencia que puedan suceder. Entre los contenidos del programa se encuentran: la construcción de las identidades de género, mejorar la autoestima, conocimientos sobre la sexualidad, conocer las relaciones de pareja y los mitos del amor romántico, los tipos de violencia de género, entre otros.

Servicios Públicos de Empleo

Desde el Servicio Público de Empleo se ofrecen diferentes soluciones económicas y laborales para las mujeres víctimas de violencia de género. Se tratan de las siguientes:

- Reducción de la jornada laboral, acompañada de una disminución proporcional del salario.
- Suspensión temporal de la relación laboral con reserva del puesto de trabajo. En este caso se considera desempleo involuntario, lo que permite cobrar la prestación contributiva o el subsidio, aun no teniendo la cotización requerida. Se puede solicitar por un periodo de 6 meses, que se prorrogará cada 3 meses hasta un máximo de 18, siempre que judicialmente se acredite la necesidad de protección de la víctima.

Importante

Si una vez finalizado el desempleo durante el periodo de suspensión se extingue la relación laboral, por causas ajenas a la víctima o por verse obligada a ello de forma definitiva, el periodo de suspensión se computará como trabajado a efectos de la solicitud de una nueva prestación económica.

Asociaciones, ONG y fundaciones

Son entidades de carácter privado que trabajan sobre las siguientes líneas de actuación: detección de casos, acciones de prevención y sensibilización y coordinación de las actuaciones.

7.3. Búsqueda y actualización de servicios y recursos disponibles

En este apartado se incluirán una serie de herramientas para tener acceso actualizado de los servicios y recursos disponibles tanto específicos como no específicos en el entorno de intervención.

Mapa de recursos y centros de atención a las mujeres

Desde la página web del Instituto de las Mujeres se puede acceder a los recursos de igualdad en las Comunidades Autónomas, y obtener información detallada de los recursos existentes en las distintas provincias.

Mapa de recursos y centros de atención a las mujeres. Fuente: Instituto de las Mujeres

Recursos de apoyo y prevención en casos de violencia de género

La Web de Recursos de Apoyo y Prevención ante casos de violencia contra las mujeres (WRAP) es una herramienta útil de búsqueda y acceso a recursos. Se podrán filtrar estas búsquedas indicando una localización (comunidad autónoma, provincia, dirección, ciudad, código postal) y el tipo de recurso según el tipo de violencia, asistencia o centro:

- Tipos de violencia: en la pareja, familiar, sexual, trata, etc.
- Tipos de asistencia: intervención y acompañamiento, judicial (incluida información y asesoramiento), vivienda y policial.
- Tipos de centro: centros de las mujeres, asociaciones de mujeres, ONG, Oficinas de asistencia a las víctimas, etc.

Web de Recursos de Apoyo y Prevención ante casos de violencia de género (WRAP)

Importante

Las mujeres víctimas que consulten recursos e información vía internet, deben ser recomendadas a tomar como medida de seguridad y protección el borrado del historial de navegación, y de las consultas de páginas realizadas.

Actividades

20. Realice una lista actualizada con los recursos y servicios existentes en la localidad donde reside.

Aplicación práctica

Imagine que le contratan en una asociación de mujeres en la ciudad de Montilla (Córdoba) para realizar, entre otras funciones, la de informar y asesorar a las usuarias en materias de violencia de género. En su primer día, le encargan que realice una lista actualizada con los servicios existentes en dicho municipio dedicados a la violencia de género. Se encuentra en un despacho y dispone de ordenador con conexión a internet.

¿Cómo podría encontrar dichos recursos?

SOLUCIÓN

Mediante el uso de un ordenador con acceso a internet, se podrá encontrar los distintos recursos disponibles en el municipio accediendo a la herramienta de mapa de recursos del Instituto de las Mujeres; y consultando la herramienta WRAP.

8. Coordinación con asociaciones de mujeres y otras organizaciones del entorno de intervención especializadas en el tratamiento de la violencia de género

Las asociaciones de mujeres y otras organizaciones (como ONG, fundaciones y otras asociaciones) son entidades de carácter privado que nacen bajo la iniciativa ciudadana y social, siguiendo criterios de solidaridad en ausencia de ánimo de lucro que impulsan acciones para atajar el problema de la violencia de género, promoviendo y velando por los derechos de las víctimas.

En la actualidad son muchas, las voces que promulgan la necesidad de mejorar los mecanismos de coordinación y de gestión de recursos entre los servicios existentes. Y del mismo modo, resaltan la necesidad de que esta coordinación se extienda a ONG, fundaciones, grupos y asociaciones de mujeres, que son de elemental importancia para abordar la violencia de género.

Importante

Mejorar la coordinación con las asociaciones puede favorecer una mayor detección de los casos y una mejora en la atención a las víctimas.

Con carácter general, las asociaciones trabajan sobre las siguientes líneas de actuación: detección de casos, acciones de prevención y sensibilización y coordinación de las actuaciones.

Por tanto, para cada línea de actuación (según sea la modalidad de la asociación y de los recursos de los que cuentan), deben establecer pautas de actuación y coordinación adecuadas.

De este modo, los integrantes de dichas organizaciones deben tener una formación específica en violencia de género. Así como, ser conocedores de los servicios, protocolos y recursos disponibles en el entorno de intervención, desde todos sus ámbitos: institucional, sanitario, jurídico, social, educativo, económico y laboral.

Por todo esto, se hace indispensable promover un mejor conocimiento y acercamiento de las asociaciones entre ellas mismas, y entre el resto de agentes sociales, públicos y privados.

En la actualidad, no existe un prototipo único de colaboración y coordinación entre las Comunidades Autónomas y las entidades asociativas. No obstante, esto no impide que cada comunidad incluya en sus protocolos de coordinación, acuerdos o planes de colaboración con el ámbito asociativo.

A continuación, se presenta como ejemplo, el diagrama de actuación y coordinación desde el ámbito asociativo incluido en el Protocolo de Actuación Profesional ante Situaciones de Violencia de Género, realizado por la Concejalía de Familia, Asuntos Sociales y Mujer de Pozuelo de Alarcón en 2011:

Diagrama de actuaciones - Ámbito asociativo

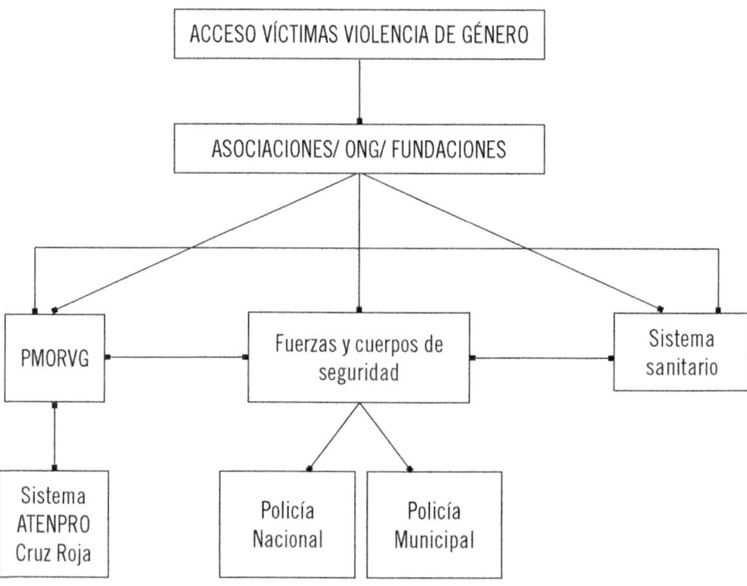

Protocolo de Coordinación de la Actuación Profesional ante Situaciones de Violencia de Género

En el esquema, PMORVG significa Puntos Municipales del Observatorio Regional contra la Violencia de Género, que son espacios de atención especializada, en los que se ofrecen servicios orientados tanto a prevenir la Violencia de Género como a atender a las víctimas de este tipo de violencia.

Ejemplo

Un ejemplo de coordinación entre asociaciones, es el que realiza Cruz Roja y el punto de coordinación regional, a través del Servicio Telefónico de Atención y Protección para Víctimas de la Violencia de Género (ATENPRO).

Actividades

21. Elabore una lista con las distintas asociaciones, fundaciones y ONG dedicadas a la violencia de género de su localidad.
22. A partir de la lista anterior, enumere para cada una de las asociaciones, fundaciones y ONG que haya anotado, las funciones que desempeñan, los recursos de los que disponen y como desarrollan las labores de coordinación con el entorno de intervención.

9. Resumen

La violencia de género tiene una base y un origen en una estructura social patriarcal, basada en las relaciones desiguales de poder de los hombres sobre las mujeres. Que ocasiona graves consecuencias en la salud de las mujeres. Esto lleva a considerar que la violencia contra la mujer es un problema que afecta a toda la sociedad, y por tanto, se deben comprender las características, factores y variables que rodean este problema.

Para ello, resulta esencial, diferenciar entre los diferentes tipos de violencia que se produce, contemplar las distintas formas en las que se manifiesta y en los diversos contextos en los que se produce. Y así poder emplear los mecanismos y herramientas de detección idóneos para que ninguna acción de estas características quede en el silencio. Teniendo en consideración las situaciones de especial vulnerabilidad.

El abordaje de la violencia de género no debe centrarse exclusivamente mediante intervenciones individuales, sino que es necesaria una intervención integral, multidisciplinar y global que combine desde acciones institucionales, jurídicas, policiales, educativas, sanitarias y asociaciones hasta la concienciación de la sociedad en general para erradicar esta violencia y mitigar sus consecuencias.

Ejercicios de repaso y autoevaluación

1. Señale si la siguiente afirmación es verdadera o falsa.

La violencia de género solo se da en familias con bajos recursos económicos.

- ☐ Verdadero
- ☐ Falso

2. Relacione las siguientes estrategias defensivas empleadas por los maltratadores con su ejemplo.

a. Deshumanización
b. Coartada
c. Culpabilizar
d. Justificar

__ Ella me está provocando todo el tiempo, se lo ha buscado
__ Puedo pegarle porque es mi mujer
__ Estuve en casa de unos amigos toda la tarde
__ Es una perra y se merece que la trate como tal

3. Complete la siguiente frase.

Entre otros aspectos, el ____________ ________ ayuda a explicar porque las víctimas de violencia de género continúan su relación con el agresor. Y suele ser tras la fase ________________________cuando se deciden a buscar ayuda y/o a denunciar.

4. ¿Cuáles son las líneas de actuación en las que se desarrolla el Plan Camino?

____
____
____
____

5. **¿Quién puede solicitar una orden de protección?**

6. **Tras un episodio de agresión, el hombre se vuelve más cariñoso, le compra flores e incluso se ofrece a ayudar a la mujer con las tareas de la casa. ¿En qué fase del ciclo de la violencia se encuentra?**

7. **El Servicio ATENPRO...**

   a. ... es un servicio general de información.
   b. ... es una modalidad de Servicio Telefónico de Atención y Protección para víctimas de la violencia de género.
   c. ... es un programa de ayuda a la inserción laboral fomentando la búsqueda proactiva de empleo.
   d. ... es un servicio de ayuda a domicilio para las personas dependientes.

8. **La ley vigente a nivel estatal en España, sobre violencia de género, es:**

   a. La Ley Orgánica 1/2004, de 28 de diciembre, de Medidas de Protección Integral contra la Violencia de Género.
   b. La Ley Orgánica 1/2006, de 4 de Octubre, de Medidas de Protección Integral contra la Violencia de Género.
   c. La Ley 13/2007, de 26 de noviembre, de Medidas de Prevención y Protección Integral contra la Violencia de Género.
   d. La Ley 2/2011, de 11 de marzo, para la Igualdad de Mujeres y Hombres y la erradicación de la violencia de género.

9. De los siguientes grupos de mujeres, ¿cuáles son considerados especialmente vulnerables?

a. Mujeres embarazadas
b. Mujeres extranjeras
c. Mujeres que residen en localidades pequeñas
d. Todas las opciones son correctas.

10. ¿Qué es una orden de alejamiento?

Capítulo 2

Identificación de necesidades y procesos de intervención con mujeres víctimas de violencia machista

Contenido

1. Introducción
2. Identificación de necesidades específicas de mujeres que han sido víctimas, atendiendo a la especificidad de colectivos en situación de mayor vulnerabilidad (mujeres discapacitadas, inmigrantes, etc.)
3. Caracterización e identificación de las consecuencias de la violencia: procesos de victimización y revictimización
4. Aplicación de protocolos de actuación
5. Establecimiento de pautas de actuación a la hora de informar y asesorar manejando los protocolos o itinerarios de actuación existentes ante un caso de agresión en coordinación con el equipo de intervención
6. Proceso de acogimiento y acompañamiento en la atención a mujeres que han sido víctimas
7. Resumen

1. Introducción

La identificación de las necesidades en las víctimas va a determinar los diferentes procesos de actuación que se llevarán a cabo. Por ello, es una tarea imprescindible, al igual que complicada, que requiere tanto formación específica en violencia de género como un buen entrenamiento en el desarrollo de habilidades sociales y de comunicación.

Conocer las consecuencias que la violencia genera en las víctimas y que se encuentran en todo proceso de victimización va a permitir entender cómo una mujer se ha convertido en víctima. Y de este modo, poder poner a su disposición los recursos y servicios disponibles según sus necesidades y garantizar una adecuada intervención integral.

Los diferentes procesos de intervención se determinarán, por tanto, según las demandas y necesidades de las víctimas, con el objetivo de agilizar los trámites, garantizar la seguridad y los derechos de las víctimas.

Para este cometido, todos los agentes encargados en el entorno de intervención deben asegurarse de la aplicación adecuada de los Protocolos de Actuación establecidos para la atención, información, asesoramiento y acompañamiento de las víctimas.

2. Identificación de necesidades específicas de mujeres que han sido víctimas, atendiendo a la especificidad de colectivos en situación de mayor vulnerabilidad (mujeres discapacitadas, inmigrantes, etc.)

La identificación de necesidades en las víctimas es una tarea de vital importancia, puesto que realizar esta tarea de forma correcta va a permitir agilizar los trámites, garantizar la seguridad y los derechos de la víctima, garantizar el seguimiento del protocolo vigente y prevenir posibles procesos de victimización secundaria.

Cualquier víctima, en términos generales, puede presentar la necesidad de:

- Información y asesoramiento
- Acompañamiento a los servicios y recursos
- Asistencia sanitaria
- Asistencia psicológica
- Orientación y asistencia jurídica
- Asistencia policial
- Acogida y alojamiento temporal
- Ayudas económicas y laborales
- Medidas de protección

En cuanto a las necesidades de las víctimas, no siempre coinciden con la demanda que realiza la propia víctima en un primer instante. Por ejemplo, puede que una mujer acuda con la intención de pedir información acerca de los programas de ayuda psicológica existentes, siendo esta su demanda. Y tras entrevistarla e identificar sus necesidades, se detecta que entre otras necesidades, requiere atención sanitaria y medidas de protección de manera inminente, o incluso las demandas de la víctima pueden no ser factibles.

Por tanto, los profesionales y las profesionales de cualquier servicio que atienda a las víctimas tendrán en consideración en primer término todas las demandas solicitadas por las usuarias, pero sin obviar otras necesidades que deben ser valoradas, comprendidas e identificadas durante la entrevista, para garantizar de este modo un asesoramiento y una atención personalizada, integral y eficaz.

Recuerde

Además de atender las demandas de las víctimas, se debe realizar una identificación de necesidades y así poder poner a su disposición la información, los recursos, servicios y trámites pertinentes acorde con todas sus necesidades.

Para una adecuada valoración de necesidades, se deberá obtener toda la información posible observando y escuchando el relato de la víctima, ayudándola con preguntas facilitadoras siguiendo un modelo de recogida de información.

Este modelo de recogida de información, siguiendo como ejemplo el propuesto por el Instituto Vasco de la Mujer, debe incluir al menos, los siguientes datos en relación a la víctima, la parte agresora y sobre la historia de violencia existente.

- Sobre las víctimas:
  - Datos personales y de contacto: nombre y apellidos, DNI, fecha de nacimiento, nacionalidad, domicilio habitual, localidad, municipio, teléfono y domicilio de contacto.
  - Estado civil: casada, divorciada o matrimonio anulado, en trámites de separación o divorcio, separada (de hecho), separada (legal), soltera, unión consensuada con registro, unión consensuada sin registro, viuda.
  - Nivel de estudios, ocupación y profesión.
  - Ingresos económicos: individuales y totales de la pareja, incluyendo ayudas o rentas económicas sociales, prestaciones, etc.
  - Régimen de tenencia de vivienda: sin vivienda, vivienda en propiedad, vivienda en alquiler, piso o centro de acogida, otras modalidades de alojamiento.
  - Existencia de discapacidad: visual, física, psíquica o mental, auditiva, motora.
  - Entidad que la deriva: acude por iniciativa propia, por derivación de otros recursos y servicios como juzgado, turno de oficio de abogados, policía, servicios de asistencia a la víctima, Servicios Sociales, profesionales sanitarios, asociaciones u otros recursos.
  - Otros datos: existencia de apoyo familiar o de su entorno, existencia de enfermedad, si toma medicamentos en ese momento, si se encuentra en situación documental irregular, si convive actualmente con el agresor, si recibe agresiones por parte de otras personas de su entorno, si ha solicitado algún tipo de ayuda económia o social.

- Sobre la parte agresora:

  - Datos personales: nombre y apellidos, sexo, fecha de nacimiento, nacionalidad, domicilio habitual y otros lugares donde puede residir.
  - Relación de parentesco con la víctima.
  - Nivel de estudios, ocupación, profesión.
  - Otros datos de interés: comportamientos violentos en otros contextos, si existe situación documental irregular, enfermedades, alcoholismo y otras drogodependencias, posesión y tenencia de armas, realización de amenazas de suicidio.

- Sobre los episodios de violencia:

  - Tipos de agresión: física, psicológica (emocional, verbal), sexual, económica u otras (como se vieron en el capítulo anterior).
  - Duración de la violencia: primera agresión y/o cuánto hace que empezaron las agresiones.
  - Frecuencia de las agresiones: diaria, semanal, quincenal, mensual, etc.
  - Asistencia sanitaria: si ha recibido alguna vez asistencia sanitaria debido a la situación de violencia.
  - Atención de otros servicios: policial, judicial, Servicios Sociales, asociaciones, etc.
  - Vivencia de las agresiones de los hijos e hijas: es de suma importancia valorar las consecuencias que han generado en sus hijos e hijas.
  - Denuncia: actual y/o anteriores. Existencia de renuncia de anteriores denuncias.
  - Orden de protección: no solicitada, solicitada, denegada, concedida (indicando las medidas adoptadas).
  - Existencia de sentencia judicial: medidas penales y civiles.

Una vez realizada la entrevista, se organiza la información obtenida junto a la víctima y se analiza la situación existente, incluyendo todas las necesidades que se ha comprendido que deben ser cubiertas.

Importante

Los datos recogidos durante la entrevista, se deben completar, en caso de existir, con la información procedente de otros servicios y recursos que hayan atendido a las víctimas.

Una vez realizada esta tarea, se preguntará a la usuaria sobre qué decisión quiere tomar. A partir de aquí, se podrá estar en disposición de informar, asesorar, y poner a disposición de las víctimas el itinerario a seguir, incluyendo los servicios y recursos adecuados para cubrir todas las necesidades y demandas garantizando sus derechos.

Actividades

1. Lea el modelo de recogida de información que aparece en este capítulo. ¿Incluiría otros datos que podrían resultar de interés? En caso afirmativo, indíquelos.
2. ¿Qué necesidades en términos generales puede presentar cualquier víctima?

Aplicación práctica

A continuación, se van a plantear diferentes demandas que podría plantear cualquier posible víctima. Relacione dicha información con las necesidades, en términos generales, que deben ser atendidas (información y asesoramiento, acompañamiento, asistencia jurídica, policial, sanitaria, psicológica, etc.).

A modo de ejemplo: *No he decidido denunciarlo... en el caso de decidirme dónde puedo acudir.* Solución: necesidad de información y asesoramiento.

Continúa en página siguiente >>

<< Viene de página anterior

a. ***Anoche me agredió, me agarró del cuello, y me golpeó en la cabeza con un palo... Pero no quiero denunciarlo.***
b. ***Ya no aguanto más, llevo soportando muchos años sus humillaciones y vejaciones... He decidido separarme, pero no tengo dinero para pagar abogados.***
c. ***Quiero denunciar mi situación y separarme de mi marido, pero no sé nada de papeles, no sé leer ni escribir.***
d. ***Desde la oficina de atención a las víctimas me han recomendado que venga aquí porque lleváis a cabo unos talleres para mejorar la autoestima y tenéis unos grupos de autoayuda...***

SOLUCIÓN

a. Necesidad de asistencia sanitaria. Es cierto que confluyen otras necesidades, como la necesidad de información y asesoramiento, y la necesidad de denunciar o solicitar medidas de protección y así activar todos los protocolos de actuación destinados a su protección, pero su necesidad prioritaria es la asistencia sanitaria por las agresiones sufridas.
b. Orientación y asistencia jurídica. Se plantea la decisión de denunciar, y tiene como derecho la asistencia jurídica gratuita. Este derecho existe para evitar entre otros motivos, que la falta de recursos económicos no sea la razón para no poner una denuncia.
c. Acompañamiento para poner la denuncia. La posible víctima tiene la necesidad de ser acompañada para entender los documentos, trámites, etc.
d. Asistencia psicológica. Existe la necesidad de que la víctima sea atendida psicológicamente y existen recursos especializados para ello.

---

3. Caracterización e identificación de las consecuencias de la violencia: procesos de victimización y revictimización

La violencia de género, tal y como se vio en el capítulo anterior, se produce de diferentes formas y se manifiesta en diversos contextos, ocasionando graves consecuencias en las víctimas.

En el presente apartado, se describirán las consecuencias que este tipo de violencia genera en la salud de quienes la sufren, tanto en las mujeres como en sus hijos e hijas. Además, se explicarán los procesos de victimización y revictimización (o victimización secundaria) que afectan a las personas que sufren este tipo de violencia.

3.1. Consecuencias en las mujeres víctimas

La violencia de género es considerada como un problema de salud pública de primer orden por las organizaciones gubernamentales e internacionales.

Las consecuencias en las víctimas debido a los procesos de violencia ocasionan gran impacto en el conjunto de la salud de las víctimas, incluyendo en este conjunto diversos factores biológicos, psicológicos, sexuales, laborales, educativos y sociales. Por lo tanto, para entender la dimensión que las consecuencias alcanzan en las víctimas es necesario analizar estos factores, y así poder abordarlos desde una perspectiva integral y multidisciplinar.

Recuerde

Para valorar las consecuencias que la violencia de género ha provocado en las víctimas se debe tener en cuenta el conjunto de factores biológicos, sociales, psicológicos, sexuales, y laborales que han repercutido en ellas.

En líneas generales, las consecuencias que la violencia de género ocasiona en las víctimas y por tanto en la salud de las mismas son las que se describen a continuación.

Consecuencias físicas

Las consecuencias físicas se presentan en forma de lesiones físicas y/o quejas somáticas, tales como:

- Dolores de cabeza, espalda, facial, abdominal.
- Alteraciones en el sueño: insomnio, pesadillas.
- Síntomas cardiopulmonares: bronquitis crónica, enfermedad cardiaca, palpitaciones, sensación de asfixia, hormigueo y entumecimiento de las extremidades.

- Síndrome del colon irritable y otros problemas gastrointestinales.
- Fibromialgia.
- Cortes, quemaduras, mordeduras, hematomas.
- Pérdida de audición, rotura de tímpano con lesiones en cabeza, tronco y cuello.
- Daño ocular.
- Fracturas óseas.
- Abortos.
- Partos prematuros.
- Infecciones genitales.
- Desgarros vaginales.
- Enfermedades de transmisión sexual.
- Lesiones fetales.
- Muerte: suicidio, homicidio, asesinato.

Consecuencias psicológicas

En cuanto a las consecuencias psicológicas, las víctimas pueden presentar:

- Conductas adictivas: consumo de psicofármacos, alcohol y otras sustancias.
- Conductas compulsivas alimenticias, de limpieza, compras y juego.
- Intentos o planificación de suicidio.
- Reexperimentación y recurrencia obsesiva de los episodios de violencia sufridos.
- Confusión mental y dificultades para pensar con claridad.
- Problemas de atención y memoria.
- Baja autoestima, desánimo.
- Hipervigilancia: desconfianza persistente, estado de alerta continuo, mirar por todos lados cuando sale a la calle.
- Ira descontrolada y rabia.
- Miedo.
- Ansiedad.
- Desarrollo de trastornos mentales.

Nota

Las lesiones físicas no son la única evidencia de la violencia de género. Por ello, es muy importante no identificar exclusivamente las consecuencias físicas con el maltrato físico. El maltrato psicológico (emocional y verbal) tiene también sus efectos en el plano orgánico, del mismo modo que la violencia física tiene consecuencias psicológicas.

Consecuencias sexuales

La violencia de género puede generar consecuencias en la salud reproductiva y en la sexualidad de la mujer, como:

- Deseo sexual inhibido.
- Temor y rechazo a la actividad sexual.
- Dolores y molestias en vagina, región pélvica y abdomen durante el coito y posteriormente.
- Contracción involuntaria de los músculos de la vagina durante el coito.
- Anorgasmia (ausencia de orgasmo).
- Imposibilidad de negociar el uso del preservativo o de otros métodos anticonceptivos.
- Enfermedades de transmisión sexual.
- Embarazos de alto riesgo.

Consecuencias sociales

Se caracterizan por:

- Evitación o disminución de las relaciones con amigas/os y la familia.
- Temor y ansiedad ante el contacto social.
- Desconfianza persistente y rechazo a iniciar y/o mantener relaciones más íntimas con otras personas.
- Evitación de lugares que frecuentaba.
- Ausencia de interés y participación en actividades de ocio.

- Disminución de habilidades sociales y de comunicación.
- Dificultades para resolver conflictos cotidianos.

Consecuencias laborales

Se caracterizan por:

- Absentismo laboral.
- Disminución del rendimiento.
- Disminución de la concentración y atención en su actividad laboral.
- Pérdida de oportunidades de promoción.
- Pérdida de empleo.
- Temor e inseguridad para afrontar nuevos retos laborales.
- Dificultad para resolver conflictos interpersonales (con jefas/es, compañeros/as).

Consecuencias educativas

Las consecuencias educativas para los hijos e hijas de la víctima son:

- Absentismo escolar.
- Conflictos con los/las compañeros/as y el profesorado.
- Disminución del rendimiento académico.
- Dificultades para concentrarse y para centrar la atención.
- Desmotivación y desinterés por los estudios.
- Abandono del centro.

Actividades

3. ¿Qué consecuencias sociales pueden desarrollar las mujeres víctimas?
4. ¿Qué factores deben considerarse para determinar las consecuencias de la violencia en la salud de las víctimas?

3.2. Consecuencias en los hijos e hijas de las mujeres víctimas

La Ley Orgánica 1/2004, de 28 de diciembre, de Medidas de Protección Integral contra la Violencia de Género establece en su exposición de motivos, que las situaciones de violencia sobre la mujer afectan también a los hijos e hijas que se encuentran dentro de su entorno familiar y por tanto, considera a los hijos e hijas de las víctimas también como víctimas.

Importante

El objetivo principal de La Ley Orgánica 8/2021, de 4 de junio, de protección integral a la infancia y la adolescencia frente a la violencia, es garantizar la integridad física, psíquica, psicológica y moral de los/as niños/as y adolescentes frente a cualquier forma de violencia, entre la que se incluye la violencia de género.

En cuanto a la consideración de los hijos e hijas como víctimas se podrán plantear diversas cuestiones como: ¿un hijo o una hija es víctima solo si es agredido o agredida de forma directa? O si los hijos e hijas presencian un acto violento hacia su madre, ¿son considerados únicamente como testigos o como víctimas del propio proceso de violencia?

Estas cuestiones son relevantes porque en ocasiones, cuando los hijos e hijas no han sido agredidos física o psicológicamente de forma directa, o cuando no han presenciado los episodios de agresión hacia la madre, algunas mujeres pueden considerar que sus hijos o hijas no han resultado afectados.

En este sentido, los profesionales y las profesionales especialistas en esta materia manifiestan que existen diferentes formas de exposición que pueden afectar a los hijos e hijas, no solo la referente a las agresiones directas.

Bajo este punto de vista, Holden (2003) propone que cualquier hijo o hija debe ser considerado como víctima, si ha experimentado la violencia contra su madre en alguna de las siguientes formas:

- **Perinatal:** en el caso de cualquier forma de violencia del hombre hacia la mujer embarazada. Las agresiones de cualquier tipo afectan al feto, aun cuando no existan agresiones físicas. Por ejemplo, el estrés generado por otros tipos de violencia (como la verbal o emocional) pueden afectar al desarrollo del feto, provocando complicaciones durante el embarazo, partos prematuros, bajo peso al nacer, etc.
- **Intervención:** violencia que sufre el niño o la niña al intentar proteger a su madre.
- **Victimización:** los hijos o hijas se convierten en objeto de violencia en el transcurso de los episodios de agresiones a la madre.
- **Participación:** en el caso de colaborar con el agresor en la desvalorización, o en otras formas de violencia hacia la madre. En este caso, podrían haber aprendido roles de dominación hacia su madre mediante el aprendizaje del modelo agresivo del agresor.
- **Testigo presencial:** el niño o la niña presencian de forma directa observando la agresión del agresor hacia la madre.
- **Escucha:** por ejemplo, si el niño o la niña percibe, la agresión desde otra habitación. En este caso, son conscientes de dichos episodios e imaginan cómo puede estar sucediendo.
- **Observación de las consecuencias inmediatas a la agresión:** al observar cómo ha sido agredida su madre, ver objetos rotos, cómo ha quedado el lugar donde ha sido agredida o presenciar la actuación policial o de los servicios sanitarios.
- **Experimentación de las consecuencias:** por ejemplo, observar las consecuencias en la salud de su madre, la vivencia de la separación de sus padres, el cambio de residencia, etc.
- **Desconocimiento de los acontecimientos:** escuchar conversaciones de los adultos e incluso cuando los episodios han sucedido lejos de los niños o las niñas. Desconocer qué ha pasado y las causas de los cambios en la unidad familiar.

Por tanto, la condición de víctima no debe estar condicionada exclusivamente a recibir agresiones de forma directa por parte del progenitor, sino por las consecuencias que genera en los hijos e hijas cualesquiera de las situaciones descritas anteriormente.

Recuerde

Aunque los hijos e hijas no hayan sido agredidos de forma directa, la violencia ejercida contra sus madres les provocarán diversas consecuencias en su salud, y por tanto deben ser considerados como víctimas.

En cuanto a las consecuencias que se manifiestan en los hijos e hijas, los investigadores Cunningham y Baker (2007) sostienen que el abanico de consecuencias que pueden sufrir, es muy amplio y variado, yendo desde el daño psicológico hasta la muerte, pasando por consecuencias físicas, educativas y sociales.

Otros autores como Bancroft y Silverman, Patró y Limiñana (recogido en *Menores Expuestos a Violencia contra la Pareja: Notas para una Práctica Clínica Basada en la Evidencia,* 2009) realizaron un estudio que consistía en preguntar a mujeres víctimas residentes en centros de acogida sobre los problemas que habían presentado sus hijos e hijas.

Los datos obtenidos en este estudio reflejaron que sus hijos e hijas habían presentado:

- Huidas del hogar
- Problemas de conflictividad en la escuela
- Violencia hacia sus madres
- Bajo rendimiento escolar
- Miedo al agresor
- Sentimientos de tristeza y aislamiento
- Síntomas de ansiedad
- Comportamiento violento hacia sus iguales

Según los planteamientos de otros estudios los efectos comunes de la violencia de género en los hijos e hijas son:

- **Problemas de socialización:** aislamiento, inseguridad, agresividad, retraimiento.
- **Síntomas depresivos:** llanto, tristeza, baja autoestima, apatía.
- **Miedos:** presentir que algo malo va a ocurrir, miedo a la muerte, miedo a perder a la madre, miedo a perder al padre.
- **Alteraciones del sueño:** pesadillas, terrores nocturnos, insomnio.
- **Síntomas regresivos:** encopresis, enuresis, retraso en el desarrollo del lenguaje. Actuar como niños menores de la edad que tienen.
- **Problemas de integración y adaptación en la escuela:** relacionarse de forma agresiva con los demás y dificultades para compartir con otros niños o niñas.
- **Problemas de aprendizaje:** dificultades en la concentración y atención, disminución del rendimiento escolar.
- **Respuestas emocionales negativas:** dificultad en la expresión y manejo de emociones, sentimiento de desprotección e inseguridad, rabia, cambios repentinos de humor, ansiedad, mostrarse retraído.
- **Sentimientos de culpa:** creencia de ser el responsable o la responsable de los conflictos entre sus padres, culparse de no haber hecho algo para evitarlo.
- **Lesiones físicas:** hematomas, arañazos, quemaduras, etc.

Nota

Los adolescentes pueden desarrollar adicciones, comportamientos violentos dentro del hogar, ideas de suicidio, huida del hogar, abandono escolar, actos delictivos y repetición de conductas violentas en sus primeras relaciones sentimentales.

Las consecuencias que sufren las víctimas tienen incidencias negativas en la forma de pensar, de sentir y de comportarse, tanto consigo mismas como en sus relaciones interpersonales.

Actividades

5. ¿En qué consistía los estudios de Bancroft y Silverman, Patró y Limiñana? ¿Qué datos obtuvieron?
6. ¿Qué formas de exposición a la violencia pueden afectar a los hijos e hijas de madres víctimas?

La Ley 4/2015, de 27 de abril, que recoge el Estatuto de la Víctima del Delito, regula en su artículo 10 el derecho a los servicios asistenciales y de apoyo, a los menores que están en un entorno de violencia de género o violencia doméstica. Además, el Título I de la Ley Orgánica 8/2021, de 4 de junio, recoge un conjunto de derechos de los/as niños/as y adolescentes frente a la violencia.

3.3. Procesos de victimización y revictimización (o victimización secundaria)

En este apartado se describirán los diferentes procesos de victimización en el que están inmersos las víctimas: victimización primaria y secundaria.

Proceso de victimización (o victimización primaria)

La victimización primaria es el proceso mediante el cual una persona sufre las consecuencias (físicas, psicológicas, sexuales, sociales, laborales, económicas, educativas), provocadas por las situaciones de violencia (de cualquier tipo) a la que ha sido sometida.

Muchas víctimas desarrollan durante la victimización lo que se denomina síndrome de la mujer maltratada. Este síndrome se define como: *el conjunto de alteraciones psíquicas y físicas y sus consecuencias por la situación de maltrato permanente que incluye síntomas del trastorno de estrés postraumático (TEPT), como estado de ánimo depresivo/depresión mayor, rabia, autoculpa, baja autoestima, ansiedad generalizada, dificultad para establecer relaciones, quejas somáticas, disfunciones sexuales, conductas adictivas, distorsiones de la memoria, síndrome de Estocolmo doméstico* (Lorente, 1998, Dutton, 1993 y Walker, 1989).

Este proceso de victimización dependerá de diversas variables, como el tipo de agresión, la duración del proceso de violencia, la gravedad de las mismas, las características del agresor y los factores de vulnerabilidad de las víctimas.

Otro de los aspectos a tener en cuenta en el proceso de victimización son los factores que provoca que la mujer víctima permanezca durante años al lado del agresor sin abandonar la relación y/o sin denunciarlo.

Y estos factores son:

- Sentimientos de vergüenza y de culpabilidad.
- Pocos recursos económicos.
- Sentimientos de esperanza al cambio del agresor.
- Pérdida de autonomía, con dependencia emocional, económica, social con el agresor.
- Preocupación por los hijos e hijas.
- Inseguridad.
- Miedo a un futuro incierto.
- Presiones de la familia o del entorno para que no abandone al agresor.
- Miedo a las represalias del agresor.

Importante

Las mujeres que deciden abandonar la situación de violencia en el momento de las primeras agresiones son minoría. La mayoría toma esta decisión después de varios años soportando una situación continuada de malos tratos y tras varios intentos de romper la relación.

Por tanto, todo proceso de victimización genera unas consecuencias severas en las víctimas, a corto, medio y largo plazo, con tendencia a perpetuar en el tiempo, lo que hace imprescindible dirigir todos los esfuerzos en comprender este proceso y así facilitarles una atención adecuada.

Desde los recursos especializados de atención a víctimas recomiendan a las víctimas que antes de denunciar, lo importante es encontrar apoyos de protección e información.

Actividades

7. ¿En qué consiste el proceso de victimización primaria?
8. ¿Qué factores pueden incidir en una mujer víctima para que siga al lado de su agresor?

Victimización secundaria

La victimización secundaria se deriva de las relaciones entre la víctima y los profesionales de los diferentes servicios, recursos e instituciones que las atienden (Servicios Sociales, sanitarios, policiales, jurídicos, etc.), cuando realizan una inadecuada atención a la víctima (Beristain, 1999).

El proceso de victimización secundaria es consecuencia, por tanto, de una inadecuada atención a la víctima. Se entiende como una inadecuada atención la que se caracterice por la descalificación, el descrédito, falta de empatía, falta de formación específica del profesional, imposición de las decisiones y actuaciones que debe llevar a cabo, incomprensión de su situación, emitir juicios de valor, derivarla de un servicio a otro de forma innecesaria, no identificar sus necesidades, el cuestionamiento durante la entrevista, demora de los procesos, etc.

Todo esto, unido a las consecuencias propias ocasionadas por los hechos violentos que ha vivido (victimización primaria) puede provocar que la víctima se plantee si ha hecho lo correcto en hablar sobre su situación, y como consecuencia puede llevarla a tomar la decisión de renunciar o de no volver a acudir a los distintos servicios.

Es por esto, que resulta necesario realizar una adecuada atención por parte de los profesionales que atienden a las víctimas, y evitar crear más malestar que el que ya presenta.

Importante

Muchas de las víctimas (mujeres y sus hijas e hijos), no son capaces de narrar y denunciar los abusos sufridos hasta que han pasado años de la situación de violencia que padecen.

Los procesos de victimización secundaria pueden evitarse y prevenirse a través de acciones como:

- Facilitar información a la víctima.
- Adecuar los lugares donde se realizarán las entrevistas.
- Diseñar entrevistas apropiadas.
- Dotar de importancia a las decisiones que tome la víctima en cada momento.
- Fomentar su participación durante el proceso de abandono de la situación en la que vive.
- Aplicar los protocolos y planes de actuación existentes orientados hacia las necesidades de cada víctima.
- Cubrir las necesidades de acogida y acompañamiento en cada momento que sea necesario.
- No retrasar la declaración de la víctima, una vez ha denunciado.
- Disminuir, al mínimo posible, las declaraciones o reconocimientos médicos que realizar.
- Garantizar a la víctima el derecho de acompañamiento de una persona de su confianza.

Actividades

9. ¿En qué consiste el proceso de revictimización (o victimización secundaria)?
10. Indique qué acciones pueden evitar que las víctimas sufran un proceso de victimización secundaria.

Aplicación práctica

A continuación, se va a plantear una situación producida durante la atención de las víctimas. Indique si la actuación de la persona que realiza la atención puede provocar victimización secundaria en la víctima.

Lola acude a una asociación de mujeres, porque una amiga la ha animado a que acuda y cuente lo que le pasa con su marido. Una vez allí, le cuenta a la persona que la atiende, que lleva sufriendo agresiones físicas durante años, por parte de su marido.

La solución que le dan es que denuncie. Y Lola no está segura, no quiere tomar esa decisión. Pero le siguen insistiendo: ***vamos denúnciale, ve a la policía y denúnciale ya, hoy mismo.***

SOLUCIÓN

Sí, la actuación de la persona que atiende a Lola puede producir victimización secundaria; provocada por la imposición de la decisión a interponer la denuncia. Ningún profesional que atienda a cualquier víctima debe obligarla e imponerle a realizar la denuncia.

4. Aplicación de protocolos de actuación

En este apartado se verán los protocolos de actuación existentes, enumerando sus objetivos y los principios de actuación en los que se cimienta.

Posteriormente se describirán las pautas de actuación que se aplican en el supuesto que la víctima acuda en primer lugar a un determinado servicio (policial, sanitario, servicios sociales, etc.).

Por último, se verá el procedimiento para la búsqueda y recogida de información realizado desde el ámbito sanitario, jurídico - forense y policial ante un caso de violencia de género.

4.1. Protocolos de actuación existentes

La Ley Orgánica 1/2004 de 28, de diciembre, de Medidas de Protección Integral Contra la Violencia de Género, en el art. 32.1 establece que:

> *Los poderes públicos elaborarán planes de colaboración que garanticen la ordenación de sus actuaciones en la prevención, asistencia y persecución de los actos de violencia de género que deberán implicar a las administraciones sanitarias, la Administración de Justicia, las Fuerzas y Cuerpos de Seguridad y los servicios sociales y Organismos de Igualdad.*

Y el art. 32.2 de dicha Ley establece que: *en desarrollo de dichos planes, se articularán protocolos de actuación que determinen los procedimientos que aseguren una actuación global e integral de las distintas administraciones y servicios implicados, y que garanticen la actividad probatoria en los procesos que se sigan.*

Nota

Las distintas Administraciones del Estado, Autonómicas y Locales deben promover protocolos de actuación y de coordinación en todas las instituciones y servicios en las que se trabaja con víctimas de violencia de género.

De este modo, a lo largo de los últimos años se han creado numerosos planes de actuación y coordinación (ya comentados en el capítulo 1). Los protocolos necesarios de aplicación de los distintos ámbitos de intervención que se encuentran actualmente son los que se describen a continuación.

En el ámbito sanitario

En el ámbito sanitario se encuentra el Protocolo Común para la Actuación Sanitaria ante la Violencia de Género en el Sistema Nacional de Salud (2012).

En el ámbito policial

Las Fuerzas y Cuerpos de Seguridad del Estado deben poner en práctica actuaciones según los siguientes protocolos:

- Protocolo Cero. Protocolo de primer contacto policial con víctimas de Violencia de Género en situación de desprotección (2021).
- Instrucción 4/2019, de la Secretaría de Estado de Seguridad, por la que se establece un nuevo protocolo para la valoración policial del nivel de riesgo de violencia de género (Ley Orgánica 1/2004), la gestión de la seguridad de las víctimas y seguimiento de los casos a través del sistema de seguimiento integral de los casos de violencia de género (Sistema VIOGÉN).
- Instrucción n.º 7/2016, por la que se establece un nuevo protocolo para la valoración policial del nivel de riesgo de violencia de género (Ley Orgánica 1/2004) y de gestión de la seguridad de las víctimas.
- Protocolo de Actuación del Sistema de Seguimiento por Medios Telemáticos del Cumplimiento de las Medidas y Penas de Alejamiento en Materia de Violencia de Género (2013).

En el ámbito jurídico

Desde el ámbito jurídico los profesionales tienen los siguientes protocolos de actuación:

- Protocolo de Actuación en el ámbito penitenciario del sistema de seguimiento por medios telemáticos del cumplimiento de las medidas y penas de alejamiento en materia de violencia de género (2015).

- Protocolo de valoración forense urgente del riesgo de violencia de género, (2020).

En el ámbito interinstitucional

En este caso las Administraciones Autonómicas y Locales han desarrollado y firmado acuerdos interinstitucionales aprobando protocolos donde se establecen los procedimientos de actuación para la coordinación de los diferentes recursos, servicios e instituciones existentes, con el objetivo fundamental de coordinar en un plan de actuación todos los servicios existentes y así garantizar a las víctimas sus derechos fundamentales.

Entre los muchos protocolos de intervención interinstitucional existentes se citarán algunos de los más recientes:

- Protocolo de Coordinación Interinstitucional para la Prevención de la Violencia de Género y Atención a las Víctimas en Aragón de (2018).
- Protocolo de Coordinación Interinstitucional para la Atención de las Víctimas de Violencia de Género en la Comunidad Autónoma Canaria (2018).
- Protocolo Interdepartamental para la prevención y erradicación de la violencia de género en Extremadura (2018).
- Protocolo Interinstitucional de Actuación en Materia de Violencia de Género en la Ciudad Autónoma de Melilla (2019).

Nota

Para conocer de forma exacta la coordinación de las actuaciones entre los distintos Servicios e Instituciones en cada región de España es recomendable consultar los protocolos y acuerdos interinstitucionales existentes en dichas regiones.

Aplicación práctica

Ana está realizando prácticas en una asociación como agente de igualdad. La asociación quiere incorporar entre sus servicios, la atención a víctimas de violencia de género y le han pedido que estudie los protocolos de actuación existentes. Ana, que es titulada en auxiliar de enfermería, decide estudiar y conocer qué actuaciones deben realizarse en los Hospitales y en los Centros de Salud cuando una mujer víctima de violencia de género acude. ¿Qué protocolo de actuación debería consultar?

SOLUCIÓN

Debería consultar, principalmente, el Protocolo Común para la Actuación Sanitaria ante la Violencia de Género.

4.2. Objetivos y principios generales de actuación

Los protocolos y planes de actuación se crean para conseguir los objetivos siguientes:

- Ofrecer una atención de calidad a las víctimas.
- Crear los procedimientos adecuados en cada momento de la intervención.
- Evitar la victimización secundaria.
- Garantizar la protección de las mujeres y de sus hijas/os que se encuentran en esta situación.
- Asegurar una respuesta rápida, eficaz y contundente.
- Favorecer la colaboración interinstitucional.

Todas las actuaciones e intervenciones deben basarse en los siguientes principios generales de actuación:

- Atender de forma personalizada las demandas solicitadas y necesidades detectadas en función de la situación de cada víctima.
- Asegurar que se respetan los derechos de las víctimas.
- Ofrecer los servicios y recursos que se adecuen a su situación.
- Evitar el proceso de victimización secundaria.

- Recoger la información necesaria para favorecer la coordinación, participación y colaboración entre servicios, instituciones y entidades del entorno de intervención.
- Evitar derivaciones innecesarias.
- Garantizar una atención de calidad basados en la igualdad sin distinción por razón de raza, religión, ideología, etnia, etc.
- Prestar atención a las situaciones de especial vulnerabilidad.
- Favorecer la autonomía personal durante el proceso y respetar las decisiones de las víctimas.
- Respetar el derecho a la intimidad y confidencialidad en las distintas actuaciones y procedimientos.

Actividades

11. ¿Con qué objetivo se crean los protocolos de actuación interinstitucionales?
12. Enumere los principios generales en los que debe basarse cualquier intervención.

4.3. Pautas de actuación en la intervención

Las pautas de actuación que se apliquen dependerán del servicio en el que se acuda en primer lugar.

A continuación, se verán las distintas pautas de actuación que se realizan si se acude en primer lugar a:

- Fuerzas y Cuerpos de Seguridad del Estado
- Centros de Salud u Hospitales
- Centros asesores de la mujer
- Servicios Sociales
- Colegios de Abogados
- Juzgados

Pautas de actuación si acude en primer lugar a las Fuerzas y Cuerpos de Seguridad del Estado

En primer lugar se le facilitará información y asesoramiento sobre los derechos que le asisten como víctima y de los recursos de atención especializada que tiene a su disposición.

Si requiere asistencia sanitaria (en el caso de existencia de lesiones evidentes como si se sospecha de que las hubiese) se le recomendará y será acompañada por una unidad policial para que sea atendida por los Servicios Sanitarios (bien en Atención Primaria o en Urgencias), obteniendo el correspondiente parte de lesiones.

Posteriormente se elaborará un Informe de Valoración del Riesgo y se realizará la redacción de la denuncia (en el caso de manifestar el deseo de interponer la denuncia). En ese momento la víctima tiene derecho a la asistencia jurídica, que será gratuita independientemente de su nivel de ingresos, es decir, puede tramitar la denuncia acompañada de un abogado de oficio especializado en violencia de género, que se le podrá facilitar a través del Colegio de Abogados.

Nota

El Informe de la Valoración Policial del Riesgo (VPR) se realizará siguiendo el protocolo para la Valoración policial del nivel de riesgo de violencia sobre la mujer.

Una vez realizados estos trámites, en el caso de que la mujer y las personas que dependan de ella necesiten salir temporalmente de su domicilio, se le informará sobre la posibilidad de abandonar el mismo y alojarse en un centro de emergencias.

En el supuesto de que la mujer pueda volver a su domicilio, se le acompañará. Además, se le informa de la posibilidad de ser derivada a otros servicios como Centros Asesores de la Mujer, o el Área de la Mujer de los Servicios Sociales de la zona que corresponda.

Por último, si se considera necesario que disponga de teleasistencia (por ejemplo el servicio ATENPRO), será derivada y acompañada a los servicios que la gestionen para la tramitación y asignación de dicho dispositivo.

Importante

En el caso de necesidad, la víctima podrá ser acompañada tanto a su domicilio, para recoger sus pertenencias de primera necesidad, como a cualquier organismo, servicio o recurso implicado en su procedimiento.

Pautas de actuación si se acude en primer lugar a los Centros de Salud o Servicios de Urgencias

Cuando el personal sanitario sospecha que una mujer puede ser víctima de maltrato, deberá llevar a cabo una *entrevista clínica específica* que le permita confirmar o descartar la situación de violencia.

Cuando se confirme que existe una situación de maltrato, se valorará la situación de especial vulnerabilidad de la víctima, así como el nivel de riesgo que presenta.

Tras la valoración médica, se le informará del procedimiento a seguir por el personal sanitario, que emitirá un informe facultativo específico (Parte de Lesiones) como resultado de la valoración que se ha llevado a cabo. Se entregará un ejemplar del parte facultativo a la mujer y otro ejemplar se enviará de manera inmediata al Juzgado (Juzgado de Guardia y Juzgado de Violencia sobre la Mujer), confirmando telefónicamente dicha recepción, garantizando así la comunicación al Juzgado en un plazo máximo de 24 h.

Importante

En el caso de lesiones graves se derivará a asistencia hospitalaria, para lo cual se requerirá obligatoriamente la presencia de las Fuerzas y Cuerpos de Seguridad del Estado que la acompañarán en dicho traslado.

Será atendida por la trabajadora social del centro o derivada, en caso de que fuera necesario, a otros recursos específicos para la mujer. Recibirá asesoramiento con respecto a sus derechos (interponer denuncia, asistencia jurídica gratuita, solicitar medidas de protección).

En caso de que la mujer se niegue a denunciar, pero el personal sanitario tenga fundadas sospechas de la existencia de violencia de género, se recomienda comunicar a la Fiscalía dicha situación, que tomará las medidas procesales que considere oportunas.

Importante

El Parte de Lesiones debe notificarse obligatoriamente al Juzgado independientemente de que la mujer decida o no interponer denuncia alguna.

Por último, la trabajadora o el trabajador social que realizó el acompañamiento se encargará del seguimiento, de forma periódica, en coordinación con todos los servicios y recursos implicados.

Pautas de actuación si se acude en primer lugar a los Centros de la Mujer

Será atendida de forma preferente. Tras la entrevista inicial, se le informará de sus derechos y se le recomendará la derivación a los servicios correspondientes según su demanda y las necesidades detectadas. Desde estos centros, se debe proporcionar una atención integral a la víctima (médico, psicológico, jurídico), por lo que deberán conocer y manejar los diferentes recursos y servicios disponibles.

En caso de requerir asistencia sanitaria, se le recomendará que sea atendida en un centro sanitario. Para el traslado y acompañamiento al Centro de Salud u Hospital se solicitarán, siempre que las circunstancias lo requieran, los servicios policiales.

En caso de que manifieste intención de interponer denuncia, será derivada a las Fuerzas y Cuerpos de Seguridad del Estado. Si la situación de riesgo lo requiere, será acompañada por personal policial.

Finalmente, se realizará un seguimiento a lo largo de todo el proceso, en coordinación con los servicios y organismos que asistan a la víctima.

Pautas de actuación si se acude en primer lugar a los Servicios Sociales

Se le atenderá considerando su situación emocional en la mayor brevedad y de forma prioritaria. Si requiere asistencia médica (lesiones visibles o sospecha de haberlas), se le recomendará acudir al servicio médico correspondiente, en este caso se le acompañará. Asimismo, se le informará la necesidad de pedir una copia del parte de lesiones elaborado, que deberá adjuntar en la denuncia que decida interponer.

En el caso de no necesitar atención médica, se atenderán sus demandas y se hará una valoración de sus necesidades, informando sobre sus derechos y los recursos y necesidades correspondientes a su situación, siendo responsabilidad del profesional que la atiende realizar la correspondiente derivación, y ponerle a disposición el acompañamiento, en caso de necesidad.

Pautas de actuación si se acude en primer lugar al Colegio de Abogados

Puede ocurrir que la víctima se persone en el Colegio de Abogados solicitando información y/o asesoramiento, pero también es posible que, desde otro servicio de atención a las víctimas, se solicite un abogado o abogada del turno de oficio.

En ambos casos, la víctima será atendida con la mayor prontitud posible, por un profesional especializado en este ámbito. El abogado o abogada le proporcionará información sobre sus derechos y sobre los procedimientos que se llevarán a cabo, y si decide interponer una denuncia o solicitar una orden de protección, deberá asistirla en la cumplimentación del formulario. Igualmente, el letrado o letrada deberá acompañar a la víctima cuando vaya a realizar una declaración. Cuando la víctima sea menor de edad, esta declaración deberá hacerse en presencia del Ministerio Fiscal.

En el caso de que se trate de una víctima extranjera en situación irregular, se le informará del derecho a regularizar su situación por razones humanitarias.

Además, será el mismo abogado o abogada quien tramitará todo lo relativo a cuestiones civiles que deriven del proceso, ya sea matrimonio o unión de hecho.

Pautas de actuación si se acude en primer lugar a los Juzgados

Cuando la víctima acude a los Juzgados recibe asesoramiento por profesionales especializados en violencia de género o, en el caso de que no los haya, será derivada a las Oficinas o Servicios de Atención a Víctimas, donde se le informará sobre sus derechos y se pondrán a su disposición los recursos más adecuados para su situación personal.

Es conveniente que, si la víctima decide denunciar y/o solicitar una orden de protección, cuente previamente con un abogado o abogada que pueda asesorarla. Asimismo, en el caso de que la víctima no haya sido valorada previamente en ningún centro de salud y no cuente con un parte de lesiones, es preciso que sea valorada por el Médico Forense de guardia y en caso de que el Juez lo considere oportuno, puede solicitar que la víctima sea valorada por la Unidad de Valoración Integral de Violencia de Género para determinar la existencia de daño físico y/o psicológico.

Posteriormente, se procederá, de manera individual, a tomar declaración a la víctima y al agresor. Se adoptarán las medidas de protección que se consideren oportunas y se elaborarán las Diligencias Judiciales que se remitirán, de forma paralela, a la Fiscalía.

Recomendaciones a la víctima en el caso de haber sufrido agresiones sexuales

Independientemente del lugar al que acuda la víctima, si afirma haber sido víctima de una agresión sexual, debemos presentarle una serie de recomendaciones que deben seguir antes de ser valorada por los facultativos encargados de realizar una valoración integral de sus lesiones, ya que serán de vital importancia para poder denunciar los hechos con las mayores garantías probatorias. Entre las recomendaciones que deben seguir están:

- No lavarse, ni asearse, ni cambiarse de ropa.
- No comer, ni beber y tampoco cepillarse los dientes, en el caso de haberse producido las agresiones vía bucal.

Por tanto, estas acciones deben ser seguidas por la víctima, a efectos de evitar que se eliminen pruebas esenciales para un futuro proceso judicial.

Actividades

13. ¿Dónde puede acudir una víctima para denunciar que ha sufrido violencia de género?
14. ¿Qué recomendaciones debe seguir una víctima de una agresión sexual?

Aplicación práctica

Silvia tras llegar del trabajo es agredida por su pareja. Su pareja no cree que hasta esa hora haya estado trabajando. Silvia decide no darle más explicaciones y como ha ocurrido en otras ocasiones va hacia la habitación con el pómulo hinchado e intenta dormir. Ya por la mañana, su pareja sale de casa para ir a trabajar. Silvia prepara su desayuno y mientras tanto piensa en cómo va acabar esta situación. Al salir de casa, antes de ir al trabajo, decide pasar por la comisaría de la Policía Nacional. Quiere denunciarlo.

Describa el itinerario de actuación que van a seguir desde allí (datos a tener en cuenta: requiere asistencia jurídica, requiere asistencia sanitaria (aunque no de emergencia), necesita ayuda psicológica y quiere solicitar orden de protección).

SOLUCIÓN

1. Recomendar acudir a un centro sanitario y acompañarla hasta dicho centro.
2. El personal médico realiza la valoración de sus lesiones (Parte Judicial). Se le dará una copia a Silvia y otra la enviará al Juzgado.
3. De regreso a la comisaría, le informarán de sus derechos como víctima y del procedimiento que se va a seguir.
4. Mediante una entrevista, se obtendrá la información sobre sus necesidades, y realizarán el Informe de Valoración del Riesgo.
5. A continuación procederán a la redacción de la denuncia (para ello Silvia estará acompañada de abogada/o del turno de oficio).
6. Seguidamente rellenarán la solicitud de la orden de protección asesorada por la abogada del turno de oficio.
7. En este caso se necesitará ayuda psicológica por lo que le informarán y realizarán la derivación al Centro Asesor de la Mujer, al que la acompañarán.

4.4. Proceso de búsqueda y recogida de información ante un caso de violencia de género siguiendo el protocolo establecido

En cada pauta de actuación, llevada a cabo desde los diferentes ámbitos del entorno de intervención uno de los procedimientos principales es la búsqueda y recogida de la información.

La información obtenida en cada ámbito de actuación se recogerá en un documento o informe a través de diferentes fuentes de información y por medio de diferentes materiales y técnicas, garantizando la privacidad de los datos personales y aportando gran utilidad a todos los agentes del entorno de intervención.

Por tanto, dependiendo del ámbito de actuación se encontrarán principalmente los documentos o informes de valoración siguientes:

- **Parte de lesiones:** elaborado por el personal médico desde el ámbito sanitario, siguiendo como guía el Protocolo Común para la Actuación Sanitaria ante la Violencia de Género (2012).
- **Informe médico-forense:** elaborado desde instancias judiciales siguiendo el Protocolo de Valoración Forense Urgente del Riesgo de Violencia de Género del Ministerio de Justicia (2020).
- **Valoración del riesgo:** elaborado desde instancias policiales según el Protocolo para la Valoración Policial del Nivel de Riesgo de Violencia Contra la Mujer (2016).
- **Otros informes de valoración:** realizados desde entidades u organismos de igualdad siguiendo los protocolos propios establecidos para dicha finalidad.

Importante

Para la recogida de información y elaboración de informes, los profesionales encargados de ello, se regirán por los protocolos y guía de buenas prácticas correspondientes en cada ámbito de actuación.

En el siguiente apartado se analizará, de forma general, el proceso de recogida de información según el ámbito de actuación sanitario, jurídico - forense y policial.

Desde el ámbito sanitario: el parte de lesiones

Desde el ámbito sanitario ante un caso de violencia de género se debe obtener información sobre la víctima, el agresor y de la situación que rodea a la víctima. Esta información puede servir como prueba en un proceso judicial, como es el caso del parte de lesiones.

Para ello, se recogerá información según las siguientes valoraciones:

- **Valoración biopsicosocial:** lesiones y síntomas físicos, situación emocional, situación familiar, situación económica, laboral y ocupacional y redes de apoyo social de la mujer.
- **Valoración de la situación de la violencia:** tipo de violencia (desde cuándo la sufre, frecuencia e intensidad de la misma), comportamientos de la persona agresora a nivel familiar y social, existencia de agresiones a otras personas o familiares, mecanismo de afrontamiento desarrollado por la víctima, fase del proceso de motivación para el cambio en la que se encuentra.
- **Valoración de la seguridad y del riesgo:** determinación del riesgo evaluando una serie de indicadores de peligro extremo, tales como: amenazas con armas o uso de las mismas, amenazas o intentos de homicidio a ellas y sus hijos o hijas, amenazas o intentos de suicidio de la paciente, malos tratos a hijos o hijas u otros miembros de la familia, lesiones graves, requiriendo incluso hospitalización, amenazas o acoso a pesar de estar separados, aumento de la intensidad y frecuencia de la violencia, agresiones durante el embarazo, abusos sexuales repetidos, comportamiento violento fuera del hogar, trastornos paranoides, celos extremos, control obsesivo de sus actividades diarias (adónde va, con quién está o cuánto dinero tiene), aislamiento creciente consumo de alcohol o drogas por parte del cónyuge, disminución o ausencia de remordimiento expresado por el agresor, percepción de peligro por parte de la mujer tanto para ella como para otros miembros del entorno familiar.

Para obtener esta información el personal médico utilizará la información recogida en historiales clínicos, la entrevista con la mujer y la aplicación de pruebas médicas para exploraciones generales y ginecológicas.

En cuanto a la entrevista, algunas de las preguntas que se pueden emplear para valorar la situación según el tipo de violencia pueden ser:

- Violencia física:
  - ¿Su pareja le empuja o agarra?
  - ¿Su pareja le golpea, le da bofetadas o la agrede de cualquier otra forma?
- Violencia sexual:
  - ¿Su pareja le obliga a tener relaciones sexuales contra su voluntad?
  - ¿Le fuerza a llevar a cabo alguna práctica sexual que usted no desea?
  - ¿Se niega a utilizar preservativo o le impide o controla el método anticonceptivo que usted desea utilizar?
- Violencia psicológica:
  - ¿Le grita a menudo o le habla de manera autoritaria?
  - ¿Amenaza con hacerle daño a usted, a las hijas o hijos, a otras personas o a los animales domésticos?
  - ¿La insulta, ridiculiza o menosprecia, a solas o delante de otras personas?
  - ¿Se pone celoso sin motivo?
  - ¿Le impide o dificulta ver a su familia o a sus amistades?
  - ¿La culpa de todo lo que sucede?
  - ¿Le controla el dinero y le obliga a rendir cuenta de los gastos?
  - ¿Le impide trabajar fuera de casa o estudiar?
  - ¿La amenaza con quitarle a los hijos o hijas si le abandona?
  - ¿Ignora sus sentimientos, su presencia, etc.?
  - ¿Maltrata a las mascotas?
  - ¿Da golpes en las paredes, puertas?
  - ¿Destruye objetos queridos por usted?
- Violencia sobre los hijos/hijas:
  - ¿Suelen presenciar la violencia?

- ¿La violencia física, emocional o sexual también se dirige directamente hacia ellos/ellas?
- ¿Cómo cree que esta violencia les está afectando?

Desde el ámbito jurídico: el informe médico-forense

La valoración médico-forense se realiza siguiendo una metodología basada en el rigor científico. Dicha metodología consta de los siguientes puntos:

- Fuentes de información.
- Valoración basada en un juicio clínico estructurado.
- Aplicación de pruebas complementarias.
- Valoración médico-forense del riesgo de violencia de género.
- Emisión del informe médico-forense de valoración.

Fuentes de información

Las fuentes de información recomendadas según este protocolo son:

- Entrevista y exploración del agresor.
- Entrevista y exploración de la víctima.
- Diligencias judiciales y atestado policial completo.
- Documentación médica y psiquiátrica del agresor.
- Documentación médica de la víctima (historial médico, parte de lesiones si los hubiera).
- Entrevistas con testigos (otros familiares, amigos, etc.).

Valoración basada en un juicio clínico estructurado

El objetivo en este punto es analizar los factores de riesgo asociados a la violencia. La técnica idónea empleada para tal fin será la entrevista. Para ello, el protocolo establece como guía, realizar una sistemática recogida de información en la que será necesario obtener la siguiente información:

- Antecedentes de violencia (no de género):
  - Existencia de agresiones o amenazas físicas y/o sexuales en el ámbito familiar (excluida la pareja actual o anterior), violencia extrafamiliar e incumplimiento de medidas de seguridad o penas (libertad provisional, permisos penitenciarios, etc.).
- Situación sentimental y laboral en el último año del agresor y de la víctima:
  - Conflictos en la relación de pareja (inestabilidad de la relación, separación/divorcio) y en el ámbito laboral (inestabilidad laboral, despido, desempleo, etc.).
- Salud mental del agresor:
  - Determinar si el agresor puede ser víctima y/o testigo de violencia familiar y/o sexual en la infancia/adolescencia.
  - Historia reciente de consumo de alcohol y/o drogas.
  - Ideación/tentativas de suicidio y/u homicidio en el último año.
  - Trastornos mentales (psicóticos, especialmente maníacos) y presencia de trastornos de la personalidad.
- Historia de violencia contra la pareja:
  - Antecedentes de agresiones físicas anteriores.
  - Antecedentes de agresiones sexuales.
  - Uso de armas y/o amenazas de muerte.
  - Patrón reciente (último año) de aumento o escalada de la violencia (frecuencia y gravedad de la misma).
  - Incumplimiento de órdenes de alejamiento.
  - Negación, desprecio, minimización o justificación de la violencia por parte del agresor. Ausencia de arrepentimiento.

- Valoración de la agresión actual:
  - Tipo de violencia.
  - Asistencia que ha precisado.
  - Contexto en el que se ha producido.
  - Uso de armas o amenazas de muerte.
- Vulnerabilidad de la víctima:
  - Percepción subjetiva del peligro por parte de la víctima.
  - Tentativas de retirada de denuncias o de interrupción del proceso de ruptura.
  - Condiciones personales y situaciones de especial vulnerabilidad.

Aplicación de pruebas complementarias

Para complementar la sistemática recogida de información descrita anteriormente el protocolo recomienda la aplicación de todas aquellas pruebas complementarias que el/la profesional estime pertinentes.

Ejemplo

Un ejemplo de prueba complementaria empleada es la Escala de Predicción del Riesgo de Violencia Grave contra la pareja (EPV-R) elaborada por Echeburúa y Cols.

Valoración forense urgente del riesgo de violencia de género

En base a toda la información obtenida y a la aplicación de las pruebas complementarias aplicadas se determinará la valoración del riesgo en la víctima (distinguiendo entre riesgo bajo, riesgo moderado y riesgo grave), de sufrir un episodio inminente de violencia en la mujer y/o en otras personas cercanas a la pareja (hijos/as, otros familiares, etc.).

Emisión del informe médico-forense de valoración

Tras la valoración realizada en base al procedimiento de recogida de información, el/la profesional debe elaborar un documento que recoja los siguientes aspectos:

- El objeto del informe (por ejemplo, valoración médico-forense del riesgo de violencia de género).
- El material y métodos utilizados (fuentes de información, exploración del agresor, de la víctima/s, pruebas complementarias).
- Antecedentes médicos y psiquiátricos.
- Juicio clínico estructurado de los factores de riesgo.
- Resultados de las pruebas complementarias.
- Consideraciones médico-forenses.
- Conclusiones médico-forenses (nivel de riesgo asignado, así como las limitaciones o prevenciones que se estime oportunas).

Desde el ámbito policial: el Sistema VioGén

El Sistema VioGén es el sistema informatizado de seguimiento integral en los casos de violencia de género operativo en España desde el año 2007 por la Secretaría de Estado de Seguridad del Ministerio del Interior.

Este sistema se caracteriza por:

- Aglutinar bajo un único sistema a todas las instituciones que tienen competencias en materia de violencia de género (Fuerzas Policiales, Jueces, Fiscales, Instituciones Penitenciarias, Servicios Asistenciales, Servicios Sanitarios, etc.).
- Integrar en una sola base de datos toda la información relevante a las víctimas, agresores y circunstancias que rodean a las víctimas de violencia de género para permitir y facilitar la distribución de la información entre los servicios de atención en materia de violencia de género.
- Generar notificaciones automatizadas, que permiten avisar ante situaciones de riesgo para las víctimas a las diferentes partes implicadas del entorno de intervención (incluida la víctima), para garantizar la protección y seguridad de las víctimas.

- Realizar valoraciones del riesgo. A partir de la cumplimentación de formularios informatizados el sistema permite predecir el nivel de riesgo que presenta una víctima en un momento determinado.

Valoración Policial del Riesgo (VPR) y Valoración Policial de Evolución del Riesgo (VPER)

La valoración de riesgo desde el ámbito policial consiste en cumplimentar unos formularios incluidos en el Sistema VioGén. En concreto, dos tipos de formularios:

- **El VPR (Valoración Policial del Riesgo).** El VPR es un formulario que debe cumplimentarse de modo *online* por los agentes de las Fuerzas y Cuerpos de Seguridad encargados del caso de la víctima.
- **El VPER (Valoración Policial de Evolución del Riesgo).** El VPER debe cumplimentarse, igualmente, de modo *online* por los agentes de las Fuerzas y Cuerpos de Seguridad encargados del caso, pero en esta ocasión se trata de reevaluar el riesgo que se estimó en el momento de la denuncia, de manera que se pueda ajustar el nivel de riesgo estimado para una víctima, para adecuar las medidas de protección necesarias con el paso del tiempo.

Nota

Cuando la Autoridad Judicial haya dispuesto algún tipo de medida de protección en favor de la víctima se debe comenzar a utilizar el formulario VPER (Valoración Policial de Evolución del Riesgo).

Las fuentes de información para realizar la valoración del riesgo procede de la víctima, de la inspección policial en el lugar de los hechos por parte de los agentes policiales que hayan intervenido, la declaración del agresor, testimonios de testigos, familiares o personas relacionadas, informes técnicos provenientes de otras instituciones o entidades, registros históricos del caso, etc.

En cuanto a la información que se incluye en los formularios es relativa a:

- Los factores referidos a la violencia sufrida por la víctima.
- Las relaciones mantenidas con el agresor.
- Los antecedentes del propio agresor y su entorno.
- Las circunstancias familiares, sociales, económicas y laborales de la víctima y el agresor.
- Circunstancias de vulnerabilidad en la víctima.
- La posible retirada de denuncias por parte de la víctima.
- La posible reanudación de la convivencia o la renuncia de la víctima a las medidas de protección concedidas.
- Cualquier circunstancia que pueda incidir negativamente en la situación de riesgo de la víctima.

Una vez cumplimentado el formulario de valoración del riesgo correspondiente, el sistema hará una predicción del nivel de riesgo (el nivel de riesgo que se puede obtener es: no apreciado, bajo, medio, alto, extremo).

Así que, el sistema permite incluir, consultar y actualizar los datos de las víctimas en una base de datos perteneciente a un sistema único. Y con ello, facilita su utilización por los/las profesionales del entorno de intervención. Además, el propio sistema tiene capacidad para hacer continuas predicciones del riesgo existente y en consecuencia permitirá ir adoptando las medidas adecuadas en cada momento.

Aplicación práctica

En la institución en la que usted trabaja (Servicios Sociales) le derivan un caso de violencia de género (la víctima fue atendida hace dos meses desde instancias policiales). Para atender a la víctima de forma adecuada, realiza una revisión de la información

Continúa en página siguiente >>

<< Viene de página anterior

existente sobre el caso. Considerando que puede tener acceso a la información procedente de las distintas instituciones:

a. ¿Qué documentos o informes podría consultar para conocer el riesgo de la víctima?
b. Tras entrevistar personalmente a la víctima esta le comenta que ha vuelto a convivir con el agresor. ¿Debería el resto de agentes del entorno de intervención conocer la nueva situación? En caso afirmativo, ¿cómo podría informar al entorno de intervención desde su posición?

SOLUCIÓN

a. Podría consultar el informe médico - forense y el parte de lesiones en el caso de que se hayan realizado. No obstante, como se sabe que fue atendida por miembros de las Fuerzas y Cuerpos de Seguridad del Estado, debería consultar la valoración del riesgo realizada desde allí (valoración realizada por medio del formulario informatizado de Valoración del Riesgo del Sistema VioGén).
b. Sí. Como hipotéticamente tiene acceso al Sistema VioGén, debería acceder a dicho sistema y modificar el formulario de valoración del riesgo o de evolución del riesgo correspondiente a la víctima y así actualizar esta nueva situación.

En el caso de que no pudiese acceder a dicho sistema, que no es el presente caso (ya que se ha dicho que puede tener acceso a la información existente en todas las instituciones del entorno de intervención), se debería informar a las Fuerzas y Cuerpos de Seguridad del Estado.

5. Establecimiento de pautas de actuación a la hora de informar y asesorar manejando los protocolos o itinerarios de actuación existentes ante un caso de agresión en coordinación con el equipo de intervención

La mujer víctima debe estar informada y asesorada de los derechos que le asisten, los servicios existentes y el itinerario a seguir para saber qué decisiones tomar, y cuando las tome conocer qué va a suceder.

5.1. Pautas generales de actuación para el asesoramiento e información

Las pautas generales de actuación para el asesoramiento e información deben seguir los siguientes pasos dentro de un plan de intervención:

- **Recepción adecuada de la víctima:** ofrecer un espacio de escucha y contención, asegurarle la confidencialidad, prestarle apoyo emocional desde el primer momento, siendo este aspecto primordial, manejar las situaciones de conflicto que puedan surgir.
- **Recabar información:** atender la demanda de la víctima, realizar una evaluación, identificación y comprensión de sus necesidades.
- **Asesorar e informar sobre los derechos que le asisten como víctima:** para ello, se le informará de los procedimientos que se originen en caso de acudir a cada uno de los distintos servicios.
- **Indicar los recursos y servicios disponibles:** se le informará de sus funciones y se le recomendará su derivación acorde a la demanda de la víctima y las necesidades detectadas según su situación.
- **Diseñar un plan de actuación acordado:** se incluirán las decisiones tomadas por la víctima (acudir a centro sanitario, realizar denuncia, etc.), respetándolas en todo momento. Además se incluirán los servicios donde deberá acudir, los equipos profesionales que le atenderán en cada momento del proceso, así como se le indicará que podrá estar acompañada para garantizar que en todo momento este protegida y asesorada.

Importante

Aunque se detecte una situación en la cual la víctima debería realizar una denuncia o una solicitud de medidas de protección, no se debe imponer el propio criterio. Se debe informar y asesorar a la víctima, pero es ella quien debe decidir si quiere denunciar o no.

Información relevante que deben tener en cuenta las víctimas cuando se encuentren inmersas en un proceso de violencia de género

En líneas generales, las mujeres víctimas deben conocer los siguientes aspectos:

- **Buscar ayuda:** desde el primer momento hay que buscar información, orientación y asesoramiento especializado, incluso antes de interponer la denuncia, a través de los servicios y centros destinados a este fin.
- **Denunciar:** los procesos de violencia son repetitivos y se agravan progresivamente en el tiempo (recordar la escalada y el ciclo de la violencia). Este hecho debe de ser conocido por la víctima. Se deberá informar de su derecho a denunciar, eso sí, aportándole toda la información acerca de los procesos y protocolos que se pondrán en marcha. En cuanto a la decisión que tome, se deberá respetar tanto la decisión que tome como el tiempo que necesite para tomarla, ya que no es una decisión fácil. Con esto se evitará el proceso de victimización secundaria, y se podrá establecer un plan de protección consensuada con la víctima.
- **Utilizar los recursos de protección:** tras cualquier situación de maltrato, exista denuncia o no, se deberá valorar la situación de riesgo existente (puede que la situación de riesgo continúe e incluso se incremente). Para ello, se informará a la mujer sobre los recursos y servicios de protección existentes (orden de protección, Casas de Acogida, Acompañamiento, Teleasistencia, etc.), estableciendo como se mencionó anteriormente, un plan de protección consensuada con la víctima.
- **Evitar contactar con el agresor:** es importante informar a la víctima de las consecuencias que pueden ocasionar contactar con el agresor, como nuevas agresiones debido a represalias, promesas de cambio, etc. Así como, si existen orden de alejamiento, en el que se producirían consecuencias penales para el agresor debido a este quebrantamiento de medidas. Si esto sucediera la víctima debe comunicar a estancias policiales este hecho.

Información acerca de las pertenencias y documentación que se deben coger si la mujer decide abandonar el domicilio

Si la víctima decide abandonar el domicilio familiar porque teme por su seguridad o por la de sus hijos/as u otras circunstancias, debe saber que no está perdiendo ningún derecho siempre y cuando ponga una denuncia o demanda de separación en un plazo máximo de 30 días. En el caso de que deje el domicilio deberá recordar coger lo imprescindible:

- Las llaves de la vivienda.
- Pertenencias personales.
- Documentación personal: DNI, pasaporte, cartilla de la Seguridad Social, tarjetas sanitarias, libro de familia, entre otros.
- Libreta de ahorros, tarjeta de crédito o datos de cuentas bancarias.
- Nómina de la persona con la que convive o copia de la declaración del Impuesto de la Renta de las Personas Físicas (IRPF).
- Contrato de arrendamiento de la vivienda o escrituras de propiedad.
- Permiso de residencia y trabajo, si no tiene nacionalidad española.
- Documentos o informes médicos.
- Medicamentos habituales.

Nota

En el caso de que la mujer necesite recoger sus enseres personales y no fuese posible por diversas causas, como por ejemplo que la mujer tema regresar sola al domicilio, podrá solicitar acompañamiento policial.

Actividades

15. Enumere las pautas generales para informar y asesorar de forma adecuada a las víctimas.
16. En el caso de que una víctima decida abandonar su domicilio de forma repentina porque teme por su seguridad. ¿Qué documentos y enseres personales le recomendaría que cogiese?

5.2. Información y asesoramiento de los derechos que asisten a las víctimas

Durante cualquier labor de información y asesoramiento se deberán conocer los protocolos de actuación existentes ante un caso de agresión y cómo se produce la coordinación con el equipo de intervención (para obtener más información puede consultar el apartado anterior).

Además, se deberán conocer los derechos que asisten a las víctimas y de este modo poder informar y asesorar sobre los procedimientos, y los trámites necesarios para garantizarles sus derechos.

Derecho a la asistencia social integral

Se deberá informar que tienen derecho a una asistencia social integral. Esto es que podrán recibir atención especializada en las áreas social, psicológica, jurídica, educativa y laboral a través de servicios especializados. La finalidad es que vuelvan a recuperar un modo de vida autónomo y sin violencia. Para ello, las mujeres víctimas tendrán derecho a ser asistidas y acompañadas a los servicios correspondientes con el objetivo de:

- Recibir tratamiento psicológico.
- Tramitar las prestaciones económicas que le correspondan.
- Recibir apoyo educativo a la unidad familiar.
- Recibir formación y participar en programas de inserción laboral.
- Tramitar las gestiones pertinentes para optar a viviendas de acceso prioritario a las víctimas de violencia de género.

Los servicios especializados relacionados para asistir estos derechos son el Centro Asesor de la Mujer, Servicios Sociales y Comunitarios, algunas Asociaciones o Fundaciones, Administraciones Públicas en materia de vivienda y empleo.

Derecho a la asistencia jurídica gratuita

Las mujeres víctimas de violencia de género tienen derecho a la asistencia jurídica gratuita, con independencia de la existencia de recursos económicos para litigar. Este servicio público es gratuito y se vincula a los procesos que se deriven de su condición de víctimas.

En concreto, mediante la modificación del artículo 2 de la Ley de Asistencia Jurídica Gratuita (Ley 1/1996, de 10 de enero, de asistencia jurídica gratuita) se considera que las víctimas de violencia de género siempre serán beneficiarias de la justicia gratuita, quedando exentas del pago de tasas.

Este servicio, con la intención de recibir asesoramiento previo por parte de atención jurídica especializada, podrá otorgarse desde el mismo momento de interposición de la denuncia, incluyendo asistencia pericial especializada a los menores.

El derecho a la asistencia jurídica gratuita comprende, entre otras, las siguientes prestaciones:

- Asesoramiento y orientación gratuitos previos al proceso (desde el momento inmediatamente previo a realizar la denuncia).
- Defensa y representación gratuitas por abogado y procurador en el proceso judicial.
- Inserción gratuita de anuncios o edictos, en el curso del proceso, en periódicos oficiales.
- Exención del pago de tasas judiciales, así como del pago de depósitos necesarios para la interposición de recursos.
- Asistencia pericial gratuita en el proceso a cargo del personal técnico adscrito a los órganos jurisdiccionales, o en su defecto, a cargo de funcionarios, organismos o servicios técnicos dependientes de las Administraciones Públicas.
- Obtención gratuita o reducción del 80 % de los derechos arancelarios de los documentos notariales.

Nota

Cuando se solicite el derecho a la asistencia jurídica gratuita la solicitante debe indicar qué prestaciones y servicios jurídicos desea que se le reconozcan.

En todos los procesos judiciales (tanto penales como civiles) que se encuentre en juego los intereses de la víctima o víctimas serán defendidos por el mismo abogado/a perteneciente al turno de oficio especial de violencia de género establecido por los Colegios de Abogados.

Para optar al Servicio de Justicia Gratuita, se debe acudir directamente a los Colegios Oficiales de Abogados/as, o también en las mismas dependencias de Justicia (en las Oficinas o Servicios de Asistencia a las Víctimas).

Recuerde

El profesional o la profesional que debe encargarse de todos los trámites judiciales relacionados con el proceso debe pertenecer al turno especial de violencia de género.

Aplicación práctica

Sonia ha decidido ir a denunciar a su marido porque la persigue y la está amenazando de muerte. No se lo ha dicho a nadie pero le da miedo denunciar y le gustaría que alguien pudiera asesorarla.

Continúa en página siguiente >>

<< Viene de página anterior

a. ¿Qué necesidad tiene?
b. ¿Dónde podría acudir?
c. ¿A qué lugar le recomendaría que acudiera en primer lugar?

SOLUCIÓN

a. Necesidad de asesoramiento jurídico gratuito, necesidad policial, necesidad de protección.
b. Puede acudir a cualquier departamento de las Fuerzas y Cuerpos de Seguridad del Estado. Al Servicio del Colegio de Abogados, o a las Oficinas o Servicios de Atención a las Víctimas.
c. Acudir a la Policía (ya sea por teléfono o acudiendo directamente) y allí solicitar la Asistencia Jurídica Gratuita y las medidas de protección oportunas.

Derechos laborales y de Seguridad Social

El reconocimiento de los derechos laborales tiene como finalidad evitar que, a causa de la violencia que sufren, tengan repercusiones en su actividad laboral y en el caso de encontrarse desempleadas el objetivo es su inserción laboral.

En cuanto los derechos que asisten a las víctimas en el ámbito laboral se encuentran:

- Derecho a la reducción de la jornada laboral.
- Ordenación del tiempo de trabajo, a través de la adaptación del horario.
- Derecho a la movilidad geográfica, con reserva del puesto de trabajo durante los primeros 6 meses.
- Derecho a la extinción del contrato de trabajo por decisión de la trabajadora, teniendo derecho a percibir la prestación por desempleo o el subsidio por desempleo.
- Derecho a la justificación de las ausencias o faltas de puntualidad al trabajo motivadas por la violencia de género, que se considerarán justificadas, cuando así lo determinen los Servicios Sociales de Atención o Servicios de Salud.
- Nulidad del despido de la trabajadora víctima de violencia de género por el ejercicio de sus derechos laborales.

En cuanto los derechos que asisten a las víctimas en el ámbito de la Seguridad Social se encuentran los siguientes:

- Suscripción de convenio especial con la Seguridad Social en el caso de que hayan reducido su jornada laboral
- Suspensión de la obligación de cotizar durante un período de seis meses para las trabajadoras autónomas que cesen en su actividad para hacer efectiva su protección o su derecho a la asistencia social integral.
- La suspensión del contrato de trabajo con reserva del puesto de trabajo de las trabajadoras por cuenta ajena, se considera como periodo de cotización efectivo para la jubilación, incapacidad permanente, prestación de muerte y supervivencia, nacimiento y cuidado de menor, desempleo y cuidado de menores con cáncer u otra enfermedad grave.
- Derecho a la pensión de jubilación anticipada de las mujeres que extingan su contrato de trabajo como consecuencia de ser víctimas de violencia de género y reúnan los requisitos exigidos.
- Derecho a la pensión de viudedad en los supuestos de separación, divorcio o nulidad de las mujeres víctimas de violencia de género que acrediten los requisitos exigidos y aunque no sean acreedoras de la correspondiente pensión compensatoria.

Importante

Cualquier víctima de violencia de género que de forma voluntaria, como consecuencia de este hecho, extinga o suspenda su contrato de trabajo se le considerará en situación legal de desempleo, conservando el derecho a la prestación o subsidio por desempleo.

Para poder ejercer estos derechos las víctimas deben acreditar su situación de víctimas y podrán hacerlo mediante la sentencia judicial, la orden de protección, o mediante el informe del Ministerio Fiscal que indique la existencia de indicios de que la mujer es víctima de violencia de género. También podrá acreditarse la condición de víctima de violencia de género mediante un informe de los servicios sociales, de los servicios especializados o de los servicios de acogida destinados a víctimas de violencia de género.

Derechos económicos

Entre las ayudas económicas que pueden solicitar y tienen derecho percibir son las que se describen a continuación.

Específicas para mujeres víctimas con especiales dificultades para obtener un empleo

Estas ayudas se pueden solicitar en el organismo correspondiente de la Comunidad Autónoma cuando la víctima cumpla los siguientes requisitos:

- Acreditación de su condición de víctima de violencia de género.
- Acreditar mediante informe emitido por el Servicio Público de Empleo correspondiente, la situación de presentar dificultades especiales para obtener un empleo.
- Carecer de rentas que superen el 75 % del salario mínimo interprofesional vigente, de forma mensual y excluyendo la parte proporcional de dos pagas extraordinarias. El importe de esta ayuda corresponderá con 6 meses de subsidio por desempleo.
- En el caso de que la víctima presente un grado de discapacidad igual o superior al 33 %, el importe de esta ayuda corresponderá con 12 meses de subsidio por desempleo.
- En el caso de que la víctima cuente con responsabilidades familiares, la cuantía de la ayuda podrá alcanzar hasta los 18 meses de subsidio por desempleo. Si la víctima o alguno de los familiares que conviven con ella tiene reconocida una discapacidad igual o superior al 33 %, esta cuantía podría llegar hasta los 24 meses de subsidio por desempleo.

Este tipo de ayudas serán compatibles con aquellas incluidas en la Ley 35/1995, de 11 de diciembre, así como con otras ayudas locales o autonómicas que tengan la misma finalidad. Por el contrario, no será compatible con la participación en el Programa de Renta Activa de Inserción, si la cuantía de la ayuda supera el 75 % del salario mínimo interprofesional.

Nota

Esta ayuda no tiene la consideración de renta o ingreso computable a efectos del percibo de las pensiones no contributivas.

Anticipos por impago de pensiones alimenticias

Mediante el Real Decreto 1618/2007, de 7 de diciembre, sobre Organización y Funcionamiento del Fondo de Garantía del Pago de Alimentos, se aborda la solución al problema derivado de los incumplimientos del pago de alimentos establecidos a favor de los hijos/as en los supuestos de divorcio, separación, declaración de nulidad del matrimonio, o en procesos de filiación o de alimentos.

Nota

A través del Fondo de Garantía del Pago de Alimentos se garantiza el pago de alimentos reconocidos e impagados establecidos, mediante el abono de una cantidad que tendrá la condición de anticipo.

Las personas beneficiarias de los anticipos son, con carácter general, *los hijos titulares de un derecho de alimentos judicialmente reconocido e impagado* (art. 4 R. D. 1618/2007), que formen parte de una unidad familiar cuyos recursos e ingresos económicos computables anualmente no sean superiores a *la cantidad resultante de multiplicar la cuantía anual del Indicador Público de Renta de Efectos Múltiples (IPREM), vigente en el momento de la solicitud del anticipo, por el coeficiente que corresponda en función del número de hijos e hijas menores que integren la*

Unidad familiar. Este coeficiente será de *1,5 si solo hubiera un hijo, y se incrementará en 0,25 por cada hijo, de forma que el coeficiente será 1,75 si hubiera dos hijos en la unidad familiar, 2 si hubiera tres hijos, y así sucesivamente* (art. 6 R. D. 1618/2007).

Las personas beneficiarias del anticipo tienen derecho a una cuantía máxima de 100 € mensuales determinada judicialmente en concepto de pagos de alimentos (art. 8 R. D. 1618/2007), que se podrá percibir durante un plazo máximo de dieciocho meses, ya se perciba el anticipo de forma continua o discontinua (art. 9 R. D. 1618/2007).

En los casos de violencia de género, deberá tenerse en cuenta la situación de urgente necesidad, y por tanto, ante la solicitud del anticipo se desarrollará un procedimiento de urgencia que *se iniciará a instancia de quien ostente la guarda y custodia del menor beneficiario y no será preciso acreditar la dificultad para obtener el pago de alimentos siendo bastante el testimonio de haber instado la ejecución judicial de la resolución que reconoció el derecho a alimentos y el transcurso de dos meses desde que se instó dicha ejecución, sin haber obtenido su pago conforme a la declaración del solicitante* (art. 16 R. D. 1618/2007).

Actividades

17. ¿Cuál es el objetivo principal que se plantea cualquier asistencia social integral en las víctimas?
18. ¿En qué casos se extingue el derecho de anticipo reconocido por impago de pensiones alimenticias?

Aplicación práctica

Rosa es víctima de violencia de género, hace un mes que le concedieron la orden de protección que solicitó con la ayuda de su abogada del turno de oficio especial en violencia de género. A pesar de que tiene una orden de alejamiento, se siente perseguida, y no le ayuda seguir viviendo en la misma ciudad que vive su agresor.

Decide dejar el trabajo que tiene (está contratada de forma indefinida) cambiar de localidad y mudarse durante 2 meses. ¿Puede hacerlo sin que le ocasione problemas para conservar su empleo? Justifique su respuesta.

SOLUCIÓN

Sí, Rosa tiene derecho a la movilidad geográfica, con reserva del puesto de trabajo durante los primeros 6 meses.

6. Proceso de acogimiento y acompañamiento en la atención a mujeres que han sido víctimas

El proceso de acogimiento y acompañamiento es un servicio de atención prioritaria y urgente que consiste en asistir, proteger, orientar, guiar y acompañar a las víctimas de violencia de género en los diferentes recursos y servicios que necesite acudir. Con esto, se pretende asegurar la protección de la víctima, fomentar su autonomía y que se sienta en todo momento asesorada y respaldada en la toma de las decisiones.

Importante

La atención prestada por el servicio de acogimiento y acompañamiento se realiza desde la detección de la situación de emergencia hasta su derivación a los recursos pertinentes, así como cuando la víctima requiera ser acompañada a cualquier otro recurso cuando se considere necesario.

El profesional o la profesional que realice el acompañamiento por tanto, tendrá como labor principal hacia las víctimas: evitar una posible revictimización (o victimización secundaria), manejar posibles conflictos, contener y canalizar sus emociones y garantizar sus derechos ante los distintos servicios y administraciones.

El acompañamiento deberá estar presente a lo largo de todo el proceso y es fundamental que el/la profesional que lo realice conozca las necesidades de la víctima y sepa adaptarse a sus demandas específicas, adecuándose a los tiempos y ritmos que requiere cada persona con respecto al desarrollo del itinerario personalizado establecido.

6.1. Detección de factores que inciden en la vulnerabilidad de las mujeres (características psicosociales múltiples: edad, etnia, discapacidad, lugar de residencia, etc.)

El artículo 17 de la Ley Orgánica 1/2004, de 28 de diciembre, de Medidas de Protección Integral contra la Violencia de Género indica que:

> *Todas las mujeres víctimas de violencia de género tienen garantizados los derechos reconocidos en esta ley, sin que pueda existir discriminación en el acceso a los mismos.*

Para asegurar y garantizar estos derechos se deberá analizar y conocer la existencia de los factores personales, culturales y sociales que puedan incidir sobre una situación de especial vulnerabilidad.

De este modo, según las estadísticas y estudios realizados, factores como la inmigración, padecer diversidad funcional (o discapacidad), pertenecer a minorías étnicas (como la comunidad gitana), la edad, y el lugar de residencia, entre otras, deben ser detectados y analizados por los y las profesionales que atienden a cada mujer desde el principio de la intervención con el fin de cubrir las demandas y necesidades con los recursos adecuados.

Nota

Las distintas actuaciones con cada víctima deben partir siempre de una atención integral centrada en las características de la persona y no del colectivo al que pertenecen.

A continuación, se analizarán algunos de los factores y circunstancias que conlleva a las mujeres a una situación de mayor vulnerabilidad frente a la violencia de género.

Inmigración

Las mujeres inmigrantes se pueden encontrar en una situación de especial vulnerabilidad, y por tanto es necesario dedicar a estas mujeres una especial atención.

Esta vulnerabilidad puede tener su origen fundamentalmente en la carencia de redes sociales en las que puedan apoyarse. Además, en muchos casos hay que añadir otras dificultades de índole económica, lingüística y administrativa. De este modo, estos factores van a dificultar cualquier toma de decisión y búsqueda de apoyo para resolver su situación.

Algunas de las circunstancias que los y las profesionales deben detectar para poner a disposición los recursos adecuados son los que se describen a continuación.

Cuando una mujer extranjera que esté casada según las normas de su país de origen quiera separarse o divorciarse a consecuencia del maltrato sufrido

En este caso, la mujer requiere derivación y acompañamiento al servicio de orientación jurídica correspondiente a fin de que le informen y asesoren sobre cómo se articula todo el proceso jurídico.

Cabe destacar en estos casos las medidas a adoptar para evitar el secuestro internacional del hijo o la hija por el padre agresor.

Cuando se encuentren en situación administrativa irregular

Encontrarse en una situación administrativa irregular, agrava el estado de ansiedad, miedo y confusión, por el temor ante la posibilidad de que se inicie un proceso de expulsión.

Para solventar esta circunstancia es importante transmitir a la víctima que por el hecho de poner la denuncia o de acudir a las distintas administraciones no se le va a abrir un procedimiento de expulsión.

Dificultades lingüísticas y barreras culturales

En el caso de que desconozcan el idioma se le facilitará un/una intérprete, garantizándole el derecho a la confidencialidad.

Importante

Para garantizar el derecho a la confidencialidad y evitar que se produzcan procesos de revictimización es conveniente no utilizar a hijas e hijos ni otros familiares como intérpretes.

Las barreras culturales o la percepción de las instituciones públicas como amenaza son factores que inciden en la vulnerabilidad. Para ello, es importante contar con figuras como mediadoras y mediadores interculturales que faciliten la comunicación y la comprensión de las actitudes de las mujeres inmigrantes víctimas.

Actividades

19. ¿En qué consiste el servicio de acompañamiento?

Aplicación práctica

Eva trabaja actualmente en una fundación realizando labores de asesoramiento a mujeres extranjeras víctimas de violencia de género. Durante su jornada laboral recibe una llamada del Centro de la Mujer. Esta llamada es para indicarle que van a derivar a su fundación a Nora, una chica marroquí, que reside en España desde hace un año, que no habla ni entiende el español. Solo habla árabe (en concreto dariya, que es el dialecto marroquí del árabe). ¿Qué recursos debe poner la fundación a disposición de Nora, para realizar una atención adecuada? (Información: Eva no puede comunicarse en la lengua de Nora, y tampoco conoce la cultura marroquí).

SOLUCIÓN

Debe disponer de un/una intérprete para facilitar la comunicación con la usuaria. En segundo lugar, sería recomendable un mediador o una mediadora intercultural que conozca la cultura marroquí, o en su defecto, un profesional que hable árabe y conozca la cultura marroquí (además de estar especializado en violencia de género).

Edad

En relación a la edad existen dos grupos de especial vulnerabilidad: la población adolescente y juvenil por un lado, y las mujeres pertenecientes al grupo de edad de mayores de 65 años.

Población adolescente (y población juvenil)

Durante la adolescencia tiene lugar el comienzo de las primeras relaciones interpersonales sentimentales. Y por tanto, el factor de riesgo principal es la percepción que puedan tener sobre la violencia de género. Por ejemplo, no percibir las actitudes del agresor y confundir la violencia sufrida con problemas habituales de pareja. O incluso justificar la violencia de género dentro de las relaciones de pareja.

Nota

En el informe La situación de la violencia contra las mujeres en la adolescencia en España, publicado en 2021, se analizan con cifras las diferentes formas de violencia entre los adolescentes en nuestro país y en comparación con Europa.

Además, se deberá tener en consideración otro factor como las formas de ejercer violencia de género a través del uso de las nuevas tecnologías, como el acoso, la vigilancia a través de las nuevas tecnologías y los mensajes de móvil que están aumentando entre los jóvenes y por tanto suponen un factor añadido a tener en cuenta con respecto este grupo de especial vulnerabilidad.

Mujeres pertenecientes al grupo de edad de 65 o más años

Las mujeres que pertenecen al grupo de edad de 65 o más años son las que menos denuncian. La tolerancia a las situaciones de maltrato suele ser alta por tener mayor interiorización del rol tradicional de la mujer, y en términos generales les resulta mucho más difícil decidir cambios o la posibilidad de ruptura con la pareja.

Además, las situaciones de convivencia prolongadas con el agresor conllevan la cronificación de consecuencias en la salud y una normalización de la violencia sufrida.

Junto a estos factores, el aislamiento, la falta y/o percepción de apoyo del entorno familiar y social, y la dependencia económica con el agresor pueden determinar el por qué la denuncia resulta tan difícil en estas situaciones.

Pertenencia a minorías étnicas: la comunidad gitana

Dentro de la comunidad gitana, por lo general, las personas pertenecientes a dicha comunidad se rigen por unas normas de convivencia que tienen como sustento unos vínculos familiares muy estrechos. Así por ejemplo, un conflicto entre personas de distintas familias puede convertirse en un conflicto entre familias.

Estas normas de convivencia pueden ser la razón por la cual una mujer que sufre violencia no lo manifieste, debido entre otras circunstancias, a que pueda temer denunciar y/o manifestar su situación y que genere un conflicto entre las dos familias.

Algunas de las medidas que pueden tomarse durante el proceso de acogimiento y acompañamiento son:

- **Contar con la colaboración de personas de referencia.** En la comunidad gitana, algunos hombres mayores, llamados hombres de respeto, adquieren mayor autoridad para mediar en casos de conflicto, puesto que se encargan de velar por el cumplimiento de las normas de la comunidad y por la buena convivencia. En un caso de violencia contra la mujer, acudir a estos hombres de respeto, puede resultar un recurso favorecedor para la víctima. Estos hombres de respeto, pueden mediar, en estas situaciones y establecer ciertas medidas de convivencia en favor de la víctima y de la comunidad.
- **Utilizar la figura del mediador o mediadora intercultural.** Es importante el conocimiento por parte de los profesionales de las claves de la cultura gitana y del papel de la mujer en la comunidad gitana, así como sus dificultades para salir de una situación de violencia.
- **Facilitar su acceso y permanencia en los recursos de acogida y alojamiento (Centros de Emergencia, Centros de Acogida, y otros servicios de apoyo).** En este caso, cuando una mujer gitana decide poner remedio a una situación de violencia se debe gestionar inmediatamente su derivación a un centro de acogida temporal, ya que la mujer puede que se encuentre en situación de riesgo, debido a las represalias que puedan tomar hacia ella. Por ello, puede ser importante valorar la posibilidad de que el recurso residencial esté fuera de su localidad.

- **Contemplar si la mujer ya ha intentado con anterioridad acabar con la situación de violencia.** Conocer las estrategias que haya utilizado anteriormente si ha intentado salir con anterioridad de la situación de violencia. Saber si tiene apoyos dentro de la comunidad gitana y/o de su familia y si ha acudido a ellos y en qué grado podrán ayudarla.
- **Derivación a los recursos necesarios.** Es de vital importancia que se realice el acompañamiento a servicios y recursos destinados a labores de asistencia, protección, prevención y sensibilización de la violencia sin que exista una denuncia, orden de protección o sentencia firme.

Mujeres con diversidad funcional

El artículo 18.3 de la Ley Orgánica 1/2004, de 28 de diciembre, indica:

> *Se articularán los medios necesarios para que las mujeres víctimas de violencia de género que por sus circunstancias personales y sociales puedan tener mayor dificultad para el acceso integral a la información, tengan garantizado el ejercicio efectivo de este derecho. La información deberá ser accesible para las mujeres que desconozcan el castellano o, en su caso, la otra lengua oficial de su territorio de residencia.*

Diversidad funcional
Hace referencia al concepto de discapacidad y fue propuesto en 2005 por la comunidad de personas con discapacidad con la intención de eliminar la negatividad en la definición de este sector de población, y reforzar su esencia de diversidad.

Las víctimas pueden encontrarse, según sea su diversidad funcional (o discapacidad), en situación de dependencia, siendo el cuidador el propio agresor. Con esto aumenta el control del agresor sobre la mujer y también genera mayores obstáculos para conocer, acceder y utilizar los recursos de atención a las víctimas.

Por ello, para garantizar el derecho de las mujeres con diversidad funcional al acceso a la información y a los recursos existentes, se deberán realizar todas las adaptaciones necesarias como ayudas para el transporte, acompañamientos, intérpretes de lengua de signos, documentos en Braille, etc.

Para identificar las necesidades de una persona con discapacidad (o diversidad funcional) se podrá consultar y utilizar el Cuestionario para la identificación de necesidades de situaciones de violencia en personas con discapacidad (Proyecto Iris, 112 Islas Baleares).

Este documento/cuestionario sirve para recoger información con la que identificar cuándo una mujer con discapacidad sufre violencia y de qué tipo.

Nota

El Cuestionario para la identificación de necesidades de situaciones de violencia en personas con discapacidad (Proyecto Iris), puede ser usado por los profesionales que trabajan directamente en cualquier entorno de intervención de violencia de género y en instituciones que atienden a personas con discapacidad.

Actividades

20. Enumere algunas de las medidas que pueden tomarse durante el proceso de acogimiento y acompañamiento con mujeres de etnia gitana.

Lugar de residencia

El lugar de residencia puede tener un efecto condicionante a la hora de manifestar que se sufre violencia de género. En los municipios más pequeños (menor a 10.000 habitantes), y especialmente en las zonas rurales el número de mujeres que se declaran víctimas de violencia de género suele ser inferior a la media.

Las características sociodemográficas y geográficas de estas zonas propician una serie de factores sociales que afectan la erradicación de la violencia de género y la atención a las víctimas.

Algunos de estos factores, según el estudio realizado por Franco Rebollar, Guilló Girard y Nuño Gómez (2009) son:

> *Existencia de una cultura tradicional, con relaciones de género que aún mantienen un acusado sexismo en el reparto del trabajo y del empleo y que, en ocasiones legitima culturalmente el uso de la violencia sin que sea considerado como un delito. Un contexto social donde las fuertes vinculaciones familiares condicionan la toma de decisiones de las mujeres víctimas respecto a sus derechos. Escasa presencia demográfica de mujeres jóvenes y un marcado envejecimiento de la población. Un control social sumamente desarrollado que afecta, especialmente, a las víctimas mientras que normaliza la posición del agresor. Concepción naturalizada de la violencia, especialmente, hacia mujeres mayores. Escaso conocimiento y búsqueda de alternativas para este sector, doblemente, vulnerable. Resistencias importantes a cambios culturales por ejemplo a los relacionados con el sistema de relaciones de género.*

Así pues, algunos factores que se deben tener en cuenta en las mujeres víctimas en zonas rurales son:

- La víctima vive en entornos más cerrados, donde se dificulta el anonimato y la confidencialidad.
- Existencia de menos recursos de ayuda.
- Dificultad en el acceso a los recursos disponibles (por ejemplo, debido a falta de itinerarios y frecuencia en el transporte público).
- Dependencia económica de sus parejas.
- Menos información, miedo y presión a la hora de denunciar.

- Dificultad para que se respeten medidas judiciales como órdenes de alejamiento.
- Mayores dificultades para garantizar la protección y seguridad.

6.2. Escucha activa y manejo de conflictos

El profesional/la profesional que realiza el acompañamiento a las víctimas debe contar con buenas competencias sociales (y de comunicación). Una de estas habilidades es la escucha activa.

La escucha activa tiene como finalidad generar en la otra persona que se siente escuchada y siente que se desea escucharla. Existen diferentes estrategias para desarrollar una escucha activa durante la conversación en una entrevista.

Algunas estrategias recomendables son:

- **Parafraseo:** consiste en devolver el mensaje que se ha recibido con palabras propias. Con el parafraseo se transmite que se comprende lo que están contando, que se está escuchando a la persona y que importa aquello que está diciendo.
- **Reformulación:** se devuelve el mensaje recibido con las propias palabras y eliminando los comentarios negativos o desagradables que haya podido hacer la persona. De este modo, se proporcionará un nuevo punto de vista de la situación conflictiva.
- **Resumir:** es importante que, durante la conversación, se vayan haciendo resúmenes y se compartan con la otra persona, para asegurarse de que se está comprendiendo y que la otra persona lo sepa.
- **Preguntas aclaratorias:** al igual que se hacen resúmenes y se parafrasea, para demostrar que se va entendiendo lo que cuentan, también se pueden realizar preguntas sobre aquellos puntos en los que se quiere profundizar o que se quieren aclarar.
- **Respetar los silencios:** cuando la víctima esté hablando y haga una pausa, se deberá respetar este momento, no hablar inmediatamente. Se deberá ser paciente.

- **Empatía:** demostrar que se comprende cómo se siente y entender sus pensamientos ante una determinada situación.
- **Contacto ocular:** se deberá mirar a los ojos, siempre que sea posible, y no bajar la mirada por debajo de la línea de la nariz, ya que una mirada fija a los labios o más abajo puede resultar incómodo.
- **Expresión corporal:** se deberán expresar con los gestos de la cara una emoción adecuada, tranquila y atenta. El cuerpo debe estar orientado y ligeramente inclinado hacia la persona con quién se habla. Se podrá asentir, en algunas ocasiones, para indicarle a la persona que se está entendiendo lo que dice.

Importante

Para atender de forma adecuada a cualquier víctima, es necesario el empleo de ciertas habilidades sociales, como es la escucha activa.

Los profesionales que trabajan en atención a víctimas de violencia de género deben tener las herramientas suficientes para manejar las situaciones conflictivas que puedan ocurrir.

Para un adecuado manejo de estas situaciones se deberá atender a las víctimas en un sitio adecuado. Un lugar tranquilo, sin ruidos externos y donde se pueda hablar con ellas y crear de este modo, un clima de confianza y seguridad. Para esto último, será necesario hacer uso de los componentes de la escucha activa (anteriormente mencionados).

Nota

Presentarse por el nombre (y preguntarle el suyo), comentar cuál es el trabajo, decir que se quiere ayudar y dirigirse hacia ella por su nombre puede ayudar a crear un clima de confianza.

Una vez llegado a este punto, se deberá mostrar interés por la situación de la víctima, permitirle que se desahogue, que exprese sus sentimientos y pensamientos. De forma paulatina, se indagará con preguntas facilitadoras sobre lo que le ocurre, sobre la trayectoria temporal que ha seguido la situación de violencia y los pasos que ha seguido la víctima en situaciones anteriores.

Si se observa que aparecen sentimientos de culpa, temor, vergüenza, rabia, etc., se podrá explicar la escalada de la violencia y el ciclo que se produce en situaciones de violencia, así como sus consecuencias.

Importante

Se deberá hacer saber que ella no es responsable de la situación en que se encuentra y que la violencia que ha sufrido está penada por la ley.

Es muy importante informarle sobre sus derechos y los recursos con los que puede contar, tales como asistencia jurídica gratuita, ayudas económicas, servicios de atención permanente a las víctimas de violencia de género, etc.

Otra de las acciones que se deben realizar es la de asesorar a la víctima sobre los pasos que puede seguir, y de forma conjunta para la búsqueda de posibles soluciones, se les podrá preguntar sobre su situación socioeconómica, los apoyos con que cuenta (familiares y amigos) y recursos en general, y si ha pensado en alguna alternativa.

Así pues, para un adecuado manejo de conflictos se deberá evitar:

- Estar distraído/a.
- Interrumpir (si no es necesario) cuando está hablando.
- No respetar los silencios.
- Ridiculizar o quitar importancia a lo que la otra persona está diciendo o sintiendo.
- Juzgar, prejuzgar y/o etiquetar.
- Utilizar las ideas y creencias para interpretar lo que le ocurre a la otra persona.
- Dudar o cuestionar la veracidad de lo que está contando.

Es importante resaltar que es durante estas situaciones cuando algunas mujeres solicitan el asesoramiento de los profesionales. La mujer valora que necesita apoyo para salir de la situación, de forma que la motivación para el cambio que en ese momento necesitan, puede verse limitado a la duración del periodo de crisis originadas por el conflicto.

Por tanto, el objetivo para manejar cualquier conflicto es establecer una relación de confianza, partiendo de la comprensión de la situación y entendiendo que cada persona afronta sus experiencias de una manera diferente.

Para resolver posibles situaciones de conflicto se encuentran los centros de acogida temporal o en casos de urgencia, los centros de emergencia.

Estos recursos de acogida son espacios de alojamiento y/o residencia temporal, cuya función es asegurar la protección de las mujeres (y también la de sus hijas e hijos u otros familiares que dependan directamente de ella) que están sometidas a situaciones de violencia de género. Asimismo, en dichos centros se facilitan recursos personales y sociales que permiten una resolución de la situación de crisis y poder comenzar con el proceso de recuperación integral de sus vidas.

Actividades

21. ¿Por qué es importante que las personas que atienden a las víctimas pongan en práctica habilidades sociales como la escucha activa?
22. Ponga en práctica, en su día a día, las estrategias que permiten realizar una adecuada escucha activa.

6.3. Asistencia jurídica gratuita y derivación a servicios específicos

Las mujeres víctimas de violencia de género, como se ha visto anteriormente, tienen derecho a la asistencia jurídica gratuita, con independencia de la insuficiencia de recursos para litigar.

Este servicio de carácter público y gratuito consiste en obtener la designación de abogado/a y procurador/a del turno de oficio pertenecientes al Turno Especial de Violencia de Género que facilitarán todos los trámites relativos a los procedimientos penales y civiles necesarios para la defensa de los derechos e intereses de las víctimas.

De este modo, las víctimas tendrán la posibilidad de ser acompañadas por personal jurídico desde el mismo momento anterior a la interposición de la denuncia.

Importante

Es necesario que la víctima esté asesorada por profesionales jurídicos (abogados/as, procuradores/as) en el momento de la denuncia y durante todo el proceso penal y civil que derive de dicha denuncia.

Para optar al Servicio de Justicia Gratuita, se debe acudir directamente a los Colegios Oficiales de Abogados/as, o también en las mismas dependencias Judiciales (Juzgado de Guardia, Juzgados de Violencia sobre la Mujer).

Nota

Actualmente, para acceder a la mayoría de los recursos es necesario realizar una denuncia, obtener una orden de protección u obtener una sentencia judicial.

La persona que acompaña a la mujer víctima, puede ayudarla para:

- Aclarar las diferencias entre lo que constituye delito y lo que no.
- Informar sobre la repercusión de la denuncia en ella, el agresor y en los hijos e hijas.
- Informarle de sus derechos y de los procedimientos y recursos existentes que existen para que sean garantizados.
- Mejorar la información aportada en el documento informativo de denuncia.
- Explicar la terminología jurídica, los procedimientos judiciales.
- Disminuir el estrés que genera encontrarse en dependencias policiales y judiciales.
- Rellenar formularios y las solicitudes durante el procedimiento.
- Evitar la duplicidad de acciones y derivar a los recursos y servicios específicos que necesite en cada momento.

En cuanto a la derivación, es necesario realizarla cuando las características de la víctima, o algunas de sus demandas o de sus necesidades no pueden ser resueltas por el servicio que le está atendiendo en esos momentos.

En este caso se le recomienda que sea atendida por otra Institución o Servicio Especializado para una adecuada atención de sus demandas o necesidades.

Importante

Derivar a otro servicio debe formar parte de una intervención planificada y consensuada con la usuaria, durante todo el proceso.

En ese proceso de derivación es fundamental:

- Conocer los diferentes recursos alternativos y/o especializados existentes.
- Conocer las características y el funcionamiento del recurso al que se deriva (ubicación, teléfono, equipos profesionales, requisitos de acceso, funcionamiento, horarios, etc.).
- Contactar con los/las profesionales del recurso al que se deriva e informar del caso.
- Informar a la mujer en qué consiste el proceso de derivación y las razones por las cuales se le deriva allí.
- Tener en cuenta que el seguimiento y la coordinación no finalizan en el momento que se deriva a otro recurso.
- La derivación va acompañada de una cita e implica también el acompañamiento en todo el proceso.

6.4. Realización de talleres y grupos de autoayuda para impulsar la autoestima de las mujeres favoreciendo la creación de redes

Las mujeres víctimas de violencia de género experimentan una serie de consecuencias negativas comunes, como pueden ser la pérdida de autoestima, problemas para relacionarse, y la pérdida de autonomía, entre otras consecuencias.

Por ello, resulta conveniente que se produzca una intervención psicológica. Esta intervención debe ser inmediata, para garantizar desde el primer instante la consecución de un objetivo dual, que es, por un lado obtener información para realizar una evaluación de su estado psicológico (además de conocer y comprender sus necesidades y su situación, etc.) y por otra parte fortalecer su capacidad de autonomía, reflexión y toma de decisiones.

Importante

La intervención psicológica favorece y fomenta la participación activa por parte de la víctima, en el proceso penal, y en el proceso de su recuperación.

Para conseguir estos objetivos existen recursos como talleres, grupos de autoayuda y redes ciudadanas.

Estos recursos se basan en la creación de un espacio para que la víctima pueda compartir sus experiencias, hablar de sus miedos, sus preocupaciones, y sentimientos. Asimismo, es una oportunidad para que reciban información sobre sus recursos y aprendan estrategias para la toma de decisiones.

En cuanto a estos talleres, desde una descripción general, consisten en la asistencia mediante sesiones individuales y grupales, en las cuales un profesional especializado trabajará junto con la/las víctima/s.

En un primer momento, se realizará una entrevista individual, que permitirá conocer y comprender su situación, sus necesidades y, en caso de que fuera necesario, su posible derivación a otros recursos necesarios.

Para el desarrollo de los mismos, se hará necesario el cumplimiento de unas normas que permitan el correcto desarrollo de las actividades, como son mantener la confidencialidad de lo que allí se habla, respetar las opiniones o ideas del resto de participantes, respetar los turnos de palabra y comprometerse a asistir a las sesiones que, aunque son voluntarias, requieren de una participación continuada para poder seguir dentro del programa.

Todo esto permitirá que las víctimas tengan la oportunidad de expresarse libremente. Y así, obtener información y que ellas mismas tomen conciencia de qué es la violencia de género, por qué se da, cuáles son sus fases, sus consecuencias y poder identificar el proceso que han vivido.

Entre los temas que pueden ser analizados, se encuentran las creencias acerca de las relaciones de pareja y el rol de cada uno de los miembros de la pareja. Así como las resistencias al cambio, la toma de decisiones y la adquisición de habilidades sociales y comunicativas.

Por tanto, se podrá determinar que los objetivos concretos de estos recursos de acompañamiento son básicamente:

- Lograr que toda mujer víctima sienta que cuenta con apoyo social y psicológico.
- Aumentar su confianza y autoestima para facilitar el acceso a los recursos.
- Ayudar a que tome una decisión, que resulta imprescindible para poder poner fin a una relación afectiva perjudicial.
- Rehacer su vida de forma autónoma e independiente.

De este modo, el acompañamiento tiene como finalidad garantizar y otorgar la mayor protección necesaria a la víctima y poder ayudarla en su toma de decisiones. Por todo ello, el acento hay que ponerlo en que la mujer puede y debe tomar sus propias decisiones y que las Administraciones Públicas, así como cualquier otro servicio o recurso están para apoyarla, para reforzar su posición y no para sustituirla en sus decisiones.

En ese sentido, hay que garantizarles que no se hará nada que ellas no quieran hacer, ya que la denuncia es un medio más (aunque actualmente resulta imprescindible), y lo importante es que sean conscientes de que deben buscar ayuda y que la van a encontrar en los distintos recursos, servicios y administraciones destinadas a la atención a la mujer.

Actividades

23. ¿Cuáles son los objetivos principales de los talleres y de los programas de autoayuda para fomentar la autoestima?

7. Resumen

Los profesionales encargados de atender a víctimas de violencia de género, deben conocer y comprender las necesidades que pueden presentar para lograr una atención integral desde el principio de la intervención. Para realizar una adecuada valoración de necesidades, se deberá obtener toda la información posible acerca de las víctimas, el agresor y sobre los episodios de violencia ocurridos.

Todas las mujeres víctimas de violencia de género pueden presentar, de forma general, necesidades similares por lo que es posible establecer estrategias y protocolos comunes de actuación. Estos protocolos, por tanto, determinarán la forma de proceder y el itinerario a seguir desde los distintos servicios, recursos y administraciones para lograr una intervención efectiva y así evitar procesos de victimización secundaria.

No obstante, cabe destacar que las actuaciones con cada víctima deben partir siempre de una atención centrada en la demanda de la usuaria, de sus características y necesidades personales.

Por ello, en todo servicio del entorno de intervención deben conocer todos los recursos existentes, para asesorar, informar y derivar al recurso más adecuado en cada momento, siguiendo un itinerario correspondiente a un plan de intervención establecido y consensuado con la víctima.

Cabe destacar la importancia de la aplicación por parte de los y las profesionales, de al menos una serie de pautas generales de actuación a la hora de informar, asesorar y realizar cualquier servicio de acogimiento y acompañamiento en la atención a mujeres que han sido víctimas.

Ejercicios de repaso y autoevaluación

1. **Los profesionales de cualquier servicio que atienda a las víctimas tendrán en consideración en primer término...**

   a. ... las demandas de la usuaria.
   b. ... las necesidades que estimen oportunas.
   c. ... la obligación a denunciar porque es lo mejor para ella.
   d. Todas las opciones son incorrectas.

2. **¿En qué consiste la escucha activa?**

   ____
   ____
   ____
   ____

3. **Señale si la siguiente afirmación es verdadera o falsa.**

   Una usuaria con discapacidad auditiva tiene derecho a ser atendida por una intérprete en lengua de signos para facilitar el acceso a la información.

   ☐ Verdadero
   ☐ Falso

4. **Tienen derecho a la Asistencia Jurídica Gratuita:**

   a. Las víctimas que se encuentren en situación de desempleo.
   b. Solo los hijos de las mujeres víctimas.
   c. Las mujeres víctimas que realicen un depósito inicial de 20 €.
   d. Las mujeres víctimas desde el primer instante que la soliciten quedando exento del pago de tasas.

5. **¿Qué es el llamado Parte de Lesiones?**

____
____
____
____

6. **¿En qué consiste el derecho a la asistencia social integral?**

____
____
____
____

7. **La violencia de género ocasiona en las víctimas consecuencias...**

   a. ... físicas.
   b. ... psicológicas.
   c. ... sociales.
   d. Todas las opciones son correctas.

8. **Complete la siguiente oración:**

   La victimización primaria es el proceso por el cual una persona sufre ______________ provocadas por __________________ a la que ha sido sometida.

9. **Para un adecuado manejo de un posible conflicto, se deberá...**

   a. ... utilizar las propias ideas y creencias para interpretar lo que le ocurre a la otra persona.
   b. ... cuestionar la veracidad de lo que está contando.
   c. ... quitar importancia a lo que la otra persona está diciendo o sintiendo.
   d. Todas las opciones son incorrectas.

10. ¿Cuándo es necesario realizar una derivación?

Capítulo 3

Procesos de sensibilización, formación y capacitación en materia de violencia de género

Contenido

1. Introducción

Los procesos de sensibilización son procesos de acción social que comprenden una serie de estrategias para acercar e informar de los aspectos y características de la violencia de género a la población.

Para ello, existen diferentes procedimientos, instrumentos y materiales (como campañas de sensibilización, programas formativos, talleres preventivos) que se adecuan a la población a la que va dirigida y al tipo de centro donde va a implantarse.

Toda acción preventiva, de sensibilización y de actuación requiere de la coordinación de todos los agentes implicados en el entorno de intervención, incluyendo en estas tareas la colaboración y coordinación de las asociaciones, que son un elemento de apoyo para las víctimas por la capacidad de generación de redes de apoyo.

Otro proceso necesario para combatir la violencia de género es la capacitación y formación, tanto de los profesionales del entorno de intervención, como de la ciudadanía en general.

La capacitación y formación continua, imprescindible para cualquier agente del entorno de intervención, debe estar integrada por la experiencia y el conocimiento procedente de todos los ámbitos de actuación, especialmente ante la actuación en situaciones específicas con los y las menores víctimas.

2. Localización de guías y materiales para la sensibilización y la prevención de la violencia de género

Los procesos de sensibilización y prevención consisten en el desarrollo de diferentes estrategias de intervención social con el objetivo de luchar contra la violencia de género.

Ambos procesos deben diferenciarse, ya que presentan objetivos diferentes, aunque complementarios. Para poder diferenciarlos se va a describir en qué consisten cada uno de ellos.

En cuanto a la **sensibilización,** el Plan Nacional de Sensibilización y Prevención de la Violencia de Género indica que la sensibilización ha de realizarse:

> *Dotando a la sociedad de los instrumentos cognitivos necesarios para que sepa reconocer cuándo se inicia o se está ante un proceso de violencia y qué papel asumen las mujeres y los hombres como víctimas y agresores. Es preciso aumentar el grado de implicación de la sociedad, que ha mantenido las relaciones de pareja dentro de los estrechos límites de la privacidad, donde cualquier intervención era considerada en términos de "injerencia". La condición ciudadana implica extender los derechos de los que se disfruta al resto de los ciudadanos y ciudadanas, igual que cualquier vulneración de los mismos debe contar con la rotundidad con la que se rechaza todo tipo de violencia. En este sentido, la violencia de género, para que se comprenda en todas sus dimensiones, requiere conocerse en profundidad.*

Por tanto, sensibilizar consiste en desarrollar estrategias y actuaciones de intervención social para que el fenómeno de la violencia de género no se mantenga oculto en la población, sino que la sociedad esté informada sobre la dimensión, las causas y características de este fenómeno. Promoviendo, de este modo, que cada individuo de forma activa tome conciencia del problema, desde una postura informada y crítica de la realidad y se planteen de manera personal o colectiva poder combatirla.

En cuanto a la **prevención,** sus estrategias van dirigidas a actuar sobre los efectos y las causas de la violencia de género para evitar que ocurra. Por tanto, su línea de actuación será principalmente por medio de la educación y la formación. Con el objetivo de que las personas adquieran conocimientos, valores, actitudes y competencias para combatir una violencia futura.

Importante

Los procesos de sensibilización y prevención, son actuaciones de intervención social diferentes pero complementarias.

En cuanto a las herramientas que se emplean en cada proceso, se encuentra que las herramientas de sensibilización más utilizadas son las que se encuadran dentro de la publicidad social (campañas que incluyen folletos, mensajes en periódicos, videos, mensajes radiofónicos, carteles, *spots* publicitarios, etc.), también se emplean otras como la celebración de jornadas, conmemoración de actos en el Día Internacional para la Eliminación de la Violencia contra la Mujer (25 de noviembre) o con motivo del día 8 de Marzo, Día Internacional de las Mujeres.

En cuanto a las intervenciones preventivas, las herramientas recomendables a utilizar son las basadas en la educación y formación desde la infancia hasta la educación de personas adultas en materias de igualdad entre mujeres y hombres y en el respeto de los derechos y libertades fundamentales. Aunque, en la actualidad, las intervenciones preventivas más frecuentes se basan en campañas de sensibilización.

A continuación, se proponen algunos recursos existentes para localizar y seleccionar instrumentos y materiales destinados a los procesos de sensibilización y prevención. Entre ellos, se destacan los siguientes:

- **Desde la Delegación del Gobierno contra la Violencia de Género.** Su portal web pone a disposición diversos materiales e instrumentos en relación a los procesos de sensibilización y prevención en materias de igualdad y violencia de género. En dicho portal web se podrán consultar:

Portal web de acceso a los materiales disponibles desde la Delegación del Gobierno contra la Violencia de Género

- **Campañas publicitarias:** se podrán consultar las campañas realizadas desde el año 2006 hasta la actualidad. Como por ejemplo *Vas a hacer algo (2024), Ahora ya España es otra (2024), Ser libres. Estar viva. España (2023), Entonces quién (2023).*

Web de acceso a las campañas publicitarias desde la Delegación del Gobierno contra la Violencia de Género

- **Actuaciones dirigidas a jóvenes:** actualmente existen convocatorias de Premios de Periodismo Joven sobre Violencia de Género con el objetivo de reconocer y recompensar los trabajos que mejor hayan contribuido durante el año a la defensa y difusión de los valores contra la violencia de género en las modalidades de Periodismo Impreso, Periodismo Audiovisual (Radio y Televisión), Periodismo Gráfico y Periodismo Digital.
- **Actuaciones de sensibilización en el ámbito empresarial:** la Delegación de Gobierno contra la Violencia de Género puso en marcha en 2012 la iniciativa *Empresas por una sociedad libre de violencia de género,* con el objetivo de aprovechar el potencial que supone la empresa como agente de concienciación social. Aquí se pueden comprobar las empresas unidas a iniciativas de Sensibilización e Inserción laboral.

- **Carrera contra la violencia de género:** es una iniciativa con la que se contribuye a la realización de distintos proyectos y se apoya a organizaciones que están dedicadas a las víctimas de violencia de género y a la promoción de la igualdad. Se celebra desde 2014 en Madrid.
- **Visualización de capítulos del programa Amores que duelen:** esta serie forma parte de un proyecto televisivo del Ministerio junto a *Mediaset* y varias asociaciones de mujeres.

  En cada uno de los capítulos, aparecen testimonios reales de mujeres que han sufrido violencia de género, incluyendo entrevistas a personas de su entorno y a profesionales de distintos ámbitos, aportando un valor importante como vía de sensibilización de la sociedad ante la violencia de género.

- **Desde el Instituto de las Mujeres:** se encuentran multitud de materiales e instrumentos. Entre los recursos existentes se encuentran:

  - **El Centro de Documentación,** que forma parte de la Red de Centros de Documentación y Bibliotecas de Mujeres con una base de datos bibliográfica de libre acceso, que contiene casi 30.000 registros y que incluye referencias de distintos tipos como libros, guías, artículos de revistas, ponencias, vídeos, carteles.
  - **Campañas de sensibilización,** en la que se pueden consultar tanto las características como el material correspondiente a dichas campañas. Por ejemplo, se puede consultar la campaña de sensibilización contra la violencia de género: *Antes* (2006); *No a la violencia contra las mujeres (2005); Contra los malos tratos, no estas sola (2002); Recupera tu vida. Habla (2001); La violencia contra las mujeres nos duele a todos, nos duele a todas (2000).*

Campañas de publicidad de la página web del Instituto de las Mujeres.

- **Planes de Formación:** recopilación de materiales y guías, así como cursos formativos existentes, tanto presenciales como online de gran utilidad en materia de sensibilización y prevención. No obstante, este apartado se comentará con mayor amplitud en el apartado *Procesos de capacitación y formación de profesionales del entorno de intervención* del presente capítulo.

- **Desde los Institutos de la Mujer de cada Comunidad Autónoma:** ponemos como ejemplo el Instituto Vasco de la Mujer (Emakunde) o el Instituto Andaluz de la Mujer, desde los que se puede acceder al catálogo de sus distintas publicaciones, materiales didácticos y educativos. Además de estos servicios documentales, prestan servicio de formación y asesoramiento especializado y de buenas prácticas en este ámbito.
- **Desde La Fundación Mujeres:** la Fundación Mujeres es una organización no gubernamental sin ánimo de lucro con el objetivo de realizar actuaciones a favor de la prevención y erradicación de la violencia de género. Entre sus recursos web se podrá acceder a:

- **El Observatorio de la Violencia de Género:** donde se podrán consultar noticias, opiniones, documentos, actuaciones contra la violencia, informes y estudios clasificados por ámbitos de actuación (España, Europa, América Latina), y por entidades que los llevan a cabo (Observatorios, ONU) o por tipos de violencia (explotación sexual, violencias por honor, etc.).
- **El Banco de Buenas Prácticas para la Prevención de la Violencia de Género (BBPP):** consiste en una base de datos web de material e instrumentos de diferentes modalidades de intervención, desde la prevención y sensibilización. Allí se podrán localizar actividades realizadas según el país donde se desarrolla, el año que se puso en marcha y desde el ámbito que se creó.

Portal web de la Fundación Mujeres para el acceso al Banco de Buenas Prácticas para la Prevención de la Violencia de Género (BBPP).

- **Desde el Observatorio de la Violencia machista en Bizkaia:** entre sus recursos web se podrá acceder a:

- **Conocimiento de la realidad.** Espacio dedicado a mostrar información sobre la violencia machista en Bizkaia, dando cifras anuales. También permite el acceso a otros observatorios del mismo ámbito.
- **Recursos de atención.** Buscador de servicios forales, municipales y mancomunados para atender los casos de violencia machista.
- **Políticas Públicas en violencia machista.** Esta área se divide en tres apartados: prevención, atención y reparación. En ellos se incluyen manuales, guías, programas, actuaciones, etc., enfocados a la erradicación de las situaciones de violencia machista.

Ejes que integran las políticas públicas en violencia machista

- **Manual de Prácticas, Iniciativas y Experiencias contra la Violencia de Género (2006, 2010, 2014, 2018).** Estos manuales son guías en formato pdf a disposición del público en el sitio web del Observatorio de la Violencia machista en Vizcaya. En el IV Manual publicado en 2018, se recoge un conjunto de guías, herramientas y materiales clasificados en tres líneas de acción: prevención, conocimiento de la realidad y atención.

Según manifiesta el observatorio el objetivo de la guía es: *mantener contacto con otras instituciones y conocer buenas prácticas de otras Administraciones, por lo que el sentido de este documento está en aportar ideas y experiencias diversas, que presenten aspectos, bien novedosos por el colectivo al que se dirija, las formas, herramientas, o temática, o bien exitosos en algún aspecto o su totalidad, de manera que puedan servir de referencia y conocimiento común respecto a enfoques, formas de organización, recursos disponibles e instrumentos existentes, para las personas, administraciones, instituciones, asociaciones u otras entidades involucradas en la defensa de los derechos fundamentales, la igualdad de mujeres y hombres, la erradicación de prácticas discriminatorias y de la violencia que se ejerce hacia las mujeres y sus hijas e hijos principalmente.*

Actividades

1. ¿En qué consisten los procesos de sensibilización y prevención?
2. Busque actuaciones dirigidas a la sensibilización y prevención.
3. Busque la campaña contra la Violencia de Género "Querernos vivas. Querernos libres". Visualice los videos y los materiales vinculados al desarrollo y difusión de dicha campaña.
4. Indague en la Carrera contra la violencia de género y responda, ¿piensa que es una buena iniciativa para tomar conciencia sobre la violencia de género?

Aplicación práctica

Ana pertenece a una asociación de mujeres de reciente creación. Le encargan que localice y seleccione instrumentos y materiales para ofrecer información y desarrollar acciones de sensibilización y prevención.

Continúa en página siguiente >>

<< Viene de página anterior

En concreto, le piden:

a. **Buscar la campaña publicitaria de 2015 *Si tu chico te da miedo, cuéntalo.***
b. **Buscar un manual que recoja Prácticas, Iniciativas y Experiencias llevadas a cabo contra la Violencia de Género y que han sido efectivas.**
c. **Localizar algún recurso con materiales para la sensibilización y prevención en centros escolares y poder presentarlos en el Consejo Escolar de un Centro Educativo con el que colabora la asociación.**

Describa cómo podría Ana realizar esta tarea.

SOLUCIÓN

a. Para localizar los videos y los materiales vinculados al desarrollo y difusión de dicha campaña puede acceder desde la web del Ministerio de Igualdad.
b. Unos manuales que se adaptan a estos requerimientos son los Manuales de Prácticas, Iniciativas y Experiencias contra la Violencia de Género (2006, 2010, 2014, 2018). Estos Manuales son guías en formato pdf a las que se puede tener acceso en el sitio web del Observatorio de Violencia machista de Bizkaia.
Además podría consultar la Guía correspondiente al Plan de Formación en Igualdad de Oportunidades entre Hombres y Mujeres creado desde el Instituto de las Mujeres. Ya que recoge una serie de guías y materiales didácticos de gran utilidad.
c. Existe gran diversidad en cuanto a los recursos para la sensibilización y prevención en centros escolares. No obstante, Ana podría consultar las guías y los manuales que tiene en su página web en la Delegación del Gobierno contra la Violencia de Género.

---

3. Procedimientos para la sensibilización ciudadana en el contexto de intervención

En un principio, los proyectos de sensibilización estaban encaminados a abrir los ojos de la víctima sobre la problemática de su situación y la necesidad de denunciar. En la actualidad, las líneas de trabajo van encaminadas en una dirección más amplia. Ahora el mensaje también se dirige a la población en general, con el fin de que se tome conciencia y se comprenda que la violencia de género no es algo que pasa en el ámbito privado de la mujer, sino que es un problema social.

Nota

A través de los programas de *sensibilización* se intenta que la sociedad tome conciencia del problema de la violencia hacia las mujeres. Mientras que *con los programas de prevención se pretende,* educar y formar a la sociedad en materia de violencia de género, para que puedan identificar una situación de violencia contra la mujer y actuar en consecuencia.

Por tanto, los procedimientos de sensibilización no solo han de estar enfocados a las mujeres que puedan ser víctimas, sino a la sociedad en su conjunto considerando a diferentes colectivos como jóvenes y adolescentes, inmigrantes, minorías étnicas, mujeres con discapacidad, asociaciones de mujeres, etc.

El mensaje que se transmita a través del proceso de sensibilización ciudadana (como campañas de sensibilización) debe ir encaminado a paliar los efectos negativos de esta forma de violencia, a concienciar a la población con respecto a la gravedad del problema y a informar sobre la legislación española en este asunto, puesto que la violencia de género supone un delito.

Por tanto, se pueden llevar a cabo procedimientos de sensibilización (y talleres de prevención) orientados a:

- La **población en general.** Para la población en general algunos de los procedimientos utilizados son las **campañas de Sensibilización.** Estas campañas, tienen como objetivos:
    - Dar a conocer la existencia de la violencia de género y de la situación en que se encuentran estas víctimas.
    - Dar a conocer el ciclo de la violencia y su importancia en el mantenimiento de estas relaciones.
    - Informar sobre la necesidad de apoyo y participación de toda la sociedad.

- Informar acerca de los mitos u opiniones que surgen en torno a la problemática y a la veracidad de los mismos. Algunos ejemplos son: *no es un hombre violento, pero cuando bebe pierde la cabeza; no hay que meterse en esos asuntos porque son de la vida privada de la pareja; los celos son una muestra de amor, te controla porque te quiere.* En su lugar, se han de plantear ejemplos positivos de relaciones de pareja en los que se rompa con el arquetipo tradicional de **masculinidad.**

- Los **jóvenes y adolescentes.** Para los jóvenes y adolescentes suelen llevarse a cabo programas educativos y de formación en los centros educativos. Estos programas consisten en la realización de talleres, como:

  - Talleres informativos sobre qué es la violencia de género, cuáles son sus inicios de manera que ellos mismos puedan identificarlos, qué es la escalada de la violencia. Además se plantean ejemplos positivos de relaciones basadas en valores como la igualdad en derechos de hombres y mujeres, coeducación.
  - Talleres de resolución de conflictos en los que puedan adquirir herramientas para la resolución positiva de los problemas.
  - Talleres para fomentar las relaciones de pareja basadas en la igualdad frente a las relaciones basadas en el abuso de poder y la discriminación.

- Para los **profesionales de los centros educativos,** se encuentran:

  - Talleres formativos sobre la prevención, detección y posterior actuación de los miembros de la comunidad educativa ante un posible caso de violencia de género.
  - Talleres formativos sobre coeducación, resolución de conflictos y prevención de la violencia.

- Para los **profesionales de los centros culturales y asociaciones,** se encuentran:

  - Realización de talleres sobre violencia de género.
  - Talleres de prevención de la violencia.

- Empleo de las actividades de animación sociocultural como vía para fomentar la igualdad en el ámbito del ocio y la cultura de paz.

- Para colectivos de **mujeres con discapacidad:**

  - Talleres informativos sobre qué es la violencia de género, cuáles son sus inicios de manera que ellas mismas puedan identificarlos y actuar en consecuencia.
  - Talleres informativos sobre los recursos disponibles para las víctimas y los centros del entorno a los que puede acudir.

- Para colectivos de **mujeres inmigrantes:**

  - Talleres informativos sobre la violencia de género y sus diferentes fases.
  - Talleres informativos sobre la legislación española en materia de violencia de género y los recursos con que cuentan las víctimas.

- Campañas orientadas a **hombres:**

  - Talleres informativos sobre la violencia de género y las consecuencias que provoca en las víctimas.
  - Planteamiento de ejemplos positivos de relaciones de pareja en los que se rompa con el arquetipo tradicional de **masculinidad.**
  - Promoción de la igualdad de oportunidades entre hombres y mujeres.

3.1. Metodología para llevar a cabo procesos de sensibilización

Para poder realizar y desarrollar procesos de sensibilización (como campañas de sensibilización ciudadana) que resulten adecuados y efectivos se necesitará seguir una metodología. Esta metodología, de forma general comprende los puntos que se describen a continuación.

Recogida de información

Lo primero que se debe hacer es recopilar la máxima información posible sobre la situación de la violencia de género en un determinado territorio o en una determinada población (adolescentes, mujeres con discapacidad, etc.). Esto servirá para determinar el tipo de actuación que se debe llevar a cabo. Para ello, se deberá tener en cuenta:

- Los casos de violencia hacia la mujer detectados en la zona.
- Las medidas llevadas a cabo y los resultados obtenidos.
- Los prejuicios que existen en ese territorio sobre la violencia de género.
- Las Administraciones Públicas, asociaciones de mujeres, centros de apoyo y otros recursos destinados a la mujer víctima de violencia de género existentes en la zona.

Desarrollar objetivos

Una vez recopilada toda la información disponible, se establecerán el/los objetivo/s de nuestro programa de sensibilización y prevención de la violencia hacia las mujeres.

Cuando se tengan unos objetivos claros, se podrá comenzar a trabajar en el mensaje que se quiere transmitir. Este mensaje será diferente dependiendo de a qué sector de la población vaya dirigido, su situación demográfica, sus hábitos de vida, etc. El mensaje no será el mismo para una chica de 14 años de etnia gitana, que para otra chica de 14 años que no pertenece a esta etnia, por ejemplo.

Recursos disponibles

Antes de la puesta en marcha del plan de sensibilización y prevención se deberán tener en cuenta los recursos disponibles (económicos, estructurales, etc.) para llevar a cabo la campaña o los talleres a realizar.

Medios de transmisión del mensaje

Dependiendo del punto anterior, se podrán utilizar unos medios u otros. Como vías de transmisión del mensaje están los medios de comunicación (TV, radio, prensa), las redes sociales, las Administraciones Públicas y las asociaciones de mujeres. A través de ellos se podrá difundir el mensaje, siempre, teniendo en cuenta cuál es el más adecuado para la población a la que va dirigido. También se deberá tener en cuenta el apoyo que pueda recibir la campaña por parte de otras entidades y de posibles colaboraciones.

Puesta en marcha del proyecto

Una vez se hayan determinado los recursos disponibles y el medio elegido para la difusión del mensaje, comienza el proyecto, que tendrá una duración determinada dependiendo de los recursos disponibles.

Evaluación de los resultados

Una vez finalizado el proyecto de sensibilización y prevención de violencia hacia la mujer, se realizará una evaluación de los resultados obtenidos. La información que se saque de estos datos puede servir para conocer si el enfoque que se le ha dado es el adecuado o si, por el contrario, será necesario hacer modificaciones de cara a futuras campañas.

Actividades

5. ¿Hacia qué personas o colectivos están dirigidos los procesos de sensibilización en la actualidad? ¿Y anteriormente?
6. ¿Por qué es importante realizar en primer lugar una recogida de información ante la realización de cualquier proceso de sensibilización?

Encargan a Ana, Marta y Emilio realizar una campaña de sensibilización. Tras varios meses de trabajo ponen en marcha la campaña de sensibilización que durará tres meses difundiéndose en varios medios de comunicación locales mediante spots publicitarios. Marta y Emilio informan de que ya han finalizado el proyecto, puesto que ya la han puesto en marcha. Ana en cambio, comenta a su compañero y compañera que todavía no ha finalizado el trabajo con respecto a la campaña. ¿Quién lleva razón? ¿Por qué?

SOLUCIÓN

Habrá que recordar que la metodología que servirá de guía, para desarrollar una campaña de sensibilización debe comprender los siguientes puntos:

1. Recogida de información.
2. Establecer y desarrollar objetivos.
3. Valorar los recursos disponibles.
4. Elección de los medios de transmisión del mensaje.
5. Puesta en marcha de la campaña.
6. Evaluación de los resultados de la campaña.

Por tanto, Ana lleva razón, puesto que la campaña no finaliza con la puesta en marcha. Aún queda la Evaluación de los resultados de los datos obtenidos, para conocer si el enfoque que se le ha dado es el adecuado o si, por el contrario, será necesario hacer modificaciones de cara a futuras campañas.

4. Procedimientos de coordinación con asociaciones de mujeres del entorno de intervención

Las asociaciones de mujeres y otras organizaciones dedicadas a la lucha contra la violencia de género son entidades de carácter privado que nacen bajo la iniciativa ciudadana y social, en ausencia de ánimo de lucro que impulsan acciones para atajar el problema de la violencia de género, promoviendo y velando por los derechos de las víctimas.

Nota

Mejorar la coordinación con las asociaciones favorece una mayor detección de los casos y una mejora en la atención a las víctimas.

En la actualidad, no existe un prototipo único de colaboración y coordinación entre las Comunidades Autónomas y las entidades asociativas. No obstante, esto no impide que cada comunidad incluya en sus protocolos de coordinación, acuerdos o planes de colaboración con el ámbito asociativo siguiendo las estrategias propuestas por los planes estratégicos elaborados por las Administraciones.

La Estrategia Estatal contra las Violencias Machistas 2022-2025 se elabora en coordinación con las distintas administraciones públicas y la ciudadanía. A través de esta estrategia se definen las actuaciones de las políticas públicas dirigidas a prevenir y combatir todas las formas de violencia contra las mujeres.

El informe de evaluación realizado a España por GREVIO (Grupo de expertos/as en la lucha contra la violencia contra las mujeres y la violencia doméstica) pone de manifiesto la necesidad de mejorar en la aplicación del Convenio de Estambul. Con esta estrategia se cumplen algunas de las recomendaciones del informe de evaluación, entre ellas, la creación de medidas para luchar contra las diferentes formas de violencia machista.

Importante

La Estrategia Estatal contra las Violencias Machistas 2022-2025 se configura como *una hoja de ruta para las políticas públicas de prevención, atención, recuperación y reparación de las víctimas de todas las violencias machistas en España durante el periodo 2022-2025.*

4.1. Instrumentos para la creación y colaboración de asociaciones en el entorno de intervención

Cualquier asociación cuando se plantea como objetivo la lucha contra la violencia de género, debe realizar en primer lugar una valoración de los recursos existentes en el entorno donde va a intervenir, con la finalidad de colaborar sin solapar y replicar recursos.

Una vez realizada esta tarea, deben poner en marcha las diferentes estrategias a desarrollar por la Asociación. Estas estrategias deben articularse en coordinación con todos los agentes implicados como procedimiento fundamental para garantizar la coordinación con el entorno de Intervención. Y además, pueden formar parte de un plan integral contra la violencia o dentro de un plan de igualdad mediante diferentes programas de sensibilización, prevención o de actuación.

Para llevar a cabo dicha coordinación resulta imprescindible la creación de protocolos, en los que se establecen los procedimientos que llevarán a cabo la entidad sobre qué debe hacerse, cómo, quién y cuándo. Y así, poder establecer una vía de colaboración interinstitucional incorporándose de este modo a una red de apoyo en el que se desarrollarán las distintas colaboraciones y actuaciones presentes y futuras.

Por tanto, recopilando lo visto hasta ahora, resulta indispensable que desde las asociaciones y las iniciativas ciudadanas y asociativas cuenten en su formación con las siguientes características:

- Formación específica en violencia de género desde un enfoque de género por parte de los integrantes de las mismas.
- Conocer los servicios, protocolos y recursos disponibles en el entorno de intervención, desde todos sus ámbitos: institucional, sanitario, jurídico, social, educativo, económico y laboral.
- Elaborar objetivos y estrategias que complementen los recursos existentes en el entorno de intervención, evitando el solapamiento de recursos y esfuerzos.
- Establecer el marco y líneas de actuación de la actividad a realizar y de los servicios que puede ofrecer.

- Tener establecido un protocolo de actuación.
- Promover el conocimiento y acercamiento de las asociaciones entre ellas mismas, y entre el resto de agentes sociales, públicos y privados.
- Desarrollar mecanismos de seguimiento, coordinación y derivación precisos para la atención a las víctimas con todos los servicios y recursos existentes.

Instrumentos de apoyo para el desarrollo de las asociaciones

Para poder luchar contra la violencia de género desde iniciativas sociales y ciudadanas, existen diversos instrumentos de apoyo disponibles desde instituciones tanto privadas como públicas que ofrecen ayuda, apoyo y colaboración para al desarrollo de las asociaciones.

Entre ellas, se encuentra el Instituto de las Mujeres, que apuesta por la creación, desarrollo y colaboración de las Asociaciones dentro del entorno de intervención, fomentando la igualdad de género y la lucha contra la violencia hacia las mujeres.

Para lograr este cometido el movimiento asociativo puede encontrar, desde el Instituto, los siguientes instrumentos de ayuda:

- Asesoramiento técnico.
- Gestión de convocatorias de subvenciones.
- Facilitación y gestión para la realización de talleres y/o programas.
- Seguimiento de los programas subvencionados.
- Convocatorias de ayudas y subvenciones para el desarrollo de actividades, talleres, programas.
- Cesión de locales a asociaciones de mujeres.

El rol de la víctima: redes de apoyo y procesos de autoayuda

El rol social hace referencia a los modos de comportamiento que se desarrollan y al papel que se asume en las relaciones de la vida diaria (en las relaciones familiares, sociales, etc.).

Este modo de comportarse en las interacciones sociales va a depender de múltiples factores, tanto personales como sociales (personalidad, sentimientos, actitudes, expectativas, creencias, experiencias vividas, normas sociales basadas en variables contextuales, culturales, situacionales, etc.).

En el caso de las víctimas, su rol social va a estar condicionado por las consecuencias negativas derivadas de los procesos de violencia a las que han sido sometidas.

Las víctimas, debido a esto, podrían asumir un rol social basado en la desconfianza, inseguridad, dependencia, pérdida de autonomía y autoestima ocasionando un deterioro en las relaciones sociales, en su identidad personal y en el control sobre sus vidas.

Sabía que...

Según Goffman (1961), asumir un rol significa *desaparecer completamente en el sí mismo virtual elaborado por la situación, exponerse a la percepción de otros mediante la propia imagen y confirmar expresivamente la propia aceptación de ella.*

Desprenderse del rol de víctima implica, en líneas generales, un cambio en la identidad personal (cómo se ven, cómo se sienten, qué piensan, etc.), afrontar cambios, fomentar la capacidad de iniciativa, independencia y autonomía, con el objetivo de la recuperación y reconstrucción de la vida personal y social.

Para desprenderse del rol de víctima y que el proceso de recuperación sea posible implica abordar las siguientes dimensiones: la salud física y psicológica, las relaciones sociales y el proceso de violencia sufrido.

Para que este complejo proceso de recuperación sea posible la acción social mediante la creación de redes de apoyo, tienen un papel útil y relevante.

Según varios autores, la participación en una red de apoyo, posibilita a las mujeres disfrutar de las siguientes oportunidades:

- Incrementar su autoestima y bienestar psicológico.
- Mejorar y ampliar sus relaciones sociales.
- Mantenerse activas consiguiendo el control de sus vidas.
- Acceder a la información y actualizar la que ya poseen.
- Intercambiar experiencias con personas que han pasado por situaciones similares.
- Modificar su rol en función de la acción y comportamiento de las demás y de sí mismas.
- Prescindir de la etiqueta de víctima.
- Desarrollar su actividad personal y social con confianza, seguridad y autonomía.
- Servir de apoyo y ayuda a otras mujeres que se encuentran en situaciones de violencia.
- Fortalecer el esfuerzo para lograr el proceso de recuperación (y romper con el rol de víctima), ya que no se sienten solas ya que existe un respaldo social que les da soporte.

Para facilitar la colaboración en las redes de apoyo mediante talleres y procesos de autoayuda se deberá:

- Determinar la labor a realizar, diseñar el contenido de las actividades y los talleres (como talleres de autoestima, terapias psicológicas, creación de grupos de apoyo basados en procesos de autoayuda).
- Difundir la labor mediante la organización de conferencias, mesas redondas, invitación a talleres, reuniones con otras asociaciones, difusión en medios de comunicación, realización de campañas de sensibilización y prevención.
- Facilitar dirección y teléfonos.

Importante

La generación y creación de redes de apoyo son de gran utilidad en las políticas de igualdad, ya que permiten elaborar estrategias para la sensibilización, prevención y la erradicación de la violencia contra las mujeres.

Aplicación práctica

Ana pretende actuar en su comunidad en materia de violencia de género. Para ello, decide crear una asociación de mujeres para conseguir este fin. ¿Qué características generales debe tener en cuenta inicialmente para su creación?

SOLUCIÓN

En líneas generales, toda asociación dedicada a realizar actividades destinadas a la lucha contra la violencia de género debe tener en cuenta lo siguiente:

- Consultar los instrumentos de apoyo existentes que le puedan ayudar y apoyar en la creación y desarrollo de la actividad.
- Conocer los servicios, protocolos y recursos disponibles en el entorno de intervención, desde todos sus ámbitos: institucional, sanitario, jurídico, social, educativo, económico y laboral.
- Establecer el marco y líneas de actuación que va a ofrecer desde su asociación.
- Contar con profesionales con formación específica en violencia de género desde un enfoque de género.
- Elaborar objetivos y estrategias que complementen los recursos existentes en el entorno de intervención evitando el solapamiento de recursos y esfuerzos.
- Crear y establecer un protocolo de actuación.
- Desarrollar mecanismos de seguimiento, coordinación y derivación precisos para la atención a las víctimas con todos los servicios y recursos existentes.
- Promover el conocimiento y colaboración con el resto de asociaciones y entre el resto de agentes del entorno de intervención.

Actividades

7. ¿En qué consiste el rol de la víctima?
8. ¿Qué beneficios puede aportar la red de apoyos a las mujeres víctimas de violencia de género?

5. Procedimientos para trabajar en coordinación con el entorno educativo: profesorado, padres y madres y alumnado

El Plan Nacional de Sensibilización y Prevención de la Violencia de Género, establece la educación como uno de los ejes principales de actuación en los procesos de prevención y sensibilización. Y así lo expresa:

> *Es fundamental educar en la igualdad entre mujeres y hombres y en el respeto de los derechos y libertades fundamentales, desde la infancia y hasta la educación de personas adultas, implicando a padres y madres y al conjunto de la comunidad educativa y, en particular, a los órganos directivos de los centros de enseñanza...*

En este apartado se abordarán los procedimientos necesarios para trabajar en coordinación con el entorno educativo siguiendo acciones destinadas a la sensibilización, a la prevención primaria (antes de que ocurra) y en la detección-actuación (una vez ocurrido).

5.1. Sensibilización

El objetivo general propuesto para sensibilizar a la comunidad educativa en materia de violencia de género será difundir el conocimiento de las características de la violencia de género y fomentar la toma de conciencia e implicación y responsabilidad social en los miembros de la comunidad educativa.

Para ello se pueden realizar actuaciones, tales como:

- Implicar al consejo escolar en la difusión de campañas de sensibilización propuestas por los distintos agentes de intervención e instituciones.

- Implicar a las familias en la participación de actividades.
- Desarrollo de actividades formativas como el Plan Director para la Convivencia y la Mejora de la Seguridad en los Centros Educativos y sus Entornos.
- Realizar actividades fuera del centro educativo en relación a la toma de conciencia del fenómeno de la violencia.
- Realizar actividades para el alumnado como análisis de lecturas, debates, murales, concursos narrativos, tablones informativos, folletos, videos-fórum, realización de videos, carteles, etc.

Sabía que...

En 2023 se publicó una Instrucción del Ministerio del Interior para actualizar el Plan Director para la Convivencia y Mejora de la Seguridad en los Centros Educativos y sus Entornos, continuando la senda de los planes anteriores.

Ejemplo

Actividad que requiere el trabajo coordinado del entorno educativo: concurso literario contra la violencia de género.

En primer lugar, se facilitará documentación e información al alumnado sobre la violencia de género. Además se realizarán actividades para realizar tanto en el aula como en casa (para implicar a la familia).

Una vez realizadas las actividades de información y documentación se convoca un *Concurso literario contra la violencia de género.*

Para el desarrollo del mismo se pedirá la participación del profesorado, el AMPA (Asociación de Madres y Padres de Alumnos y Alumnas) y del propio alumnado. El Consejo Escolar podrá ser la comisión encargada de organizar el concurso y actuar como jurado.

Actividades

9. Diseñe una actividad que pueda realizarse en un centro educativo y que fomente la participación del entorno educativo (alumnado, profesores, familiares, etc.).

5.2. Prevención

La prevención es la principal herramienta para conseguir que las conductas violentas y discriminatorias basadas en el género no ocurran.

Esta tarea consiste, dentro del ámbito educativo, en transmitir conocimientos, valores, actitudes y competencias que permitan evitar una violencia futura por parte del alumnado. Para ello, se debe abordar el aprendizaje desde una perspectiva basada en la igualdad de oportunidades impulsada desde el contexto escolar.

Los objetivos de la prevención en el ámbito educativo son:

- Prevenir la violencia de género a través de modelos de relación y trato igualitarios en los centros educativos.
- Implantar un modelo educativo basado en la igualdad de género.
- Fomentar la reflexión crítica y el cuestionamiento de las discriminaciones y desigualdades.
- Incluir la educación afectivo-sexual con perspectiva de género desde edades tempranas.
- Promocionar roles no estereotipados que cuestionen los esquemas de relación entre niños y niñas.
- Fomentar la autoestima de las niñas y las adolescentes.
- Promover un trato igualitario entre niños y niñas.
- Fomentar la resolución pacífica de los conflictos.

Para ello, resulta necesaria la puesta en marcha de acciones educativas que incidan en los factores implicados directamente en el desarrollo de conductas violentas y actitudes discriminatorias basadas en el género.

Importante

Las administraciones educativas adoptarán las medidas necesarias para que en los planes de formación inicial y permanente del profesorado se incluya una formación específica en materia de igualdad, con el fin de asegurar que adquieren los conocimientos y las técnicas necesarias que les habiliten para: [...] c) La detección precoz de la violencia en el ámbito familiar, especialmente sobre la mujer y los hijos e hijas. (art. 7 de la Ley Orgánica 1/2004, de 28 de diciembre, de Medidas de Protección Integral contra la Violencia de Género).

Estas actuaciones en materias de prevención son:

- Formación específica al profesorado para incorporar el enfoque de género a su trabajo.
- Elaboración de materiales y recursos didácticos específicos para trabajar en los distintos niveles educativos (infantil, primaria, secundaria, etc.).
- Desarrollar actividades educativas y formativas que impliquen la participación del alumnado junto a sus educadores: talleres sobre igualdad y prevención de la violencia, gestión y resolución de conflictos, talleres sobre corresponsabilidad en tareas domésticas, actividades comunitarias que favorezcan la igualdad.
- Formación para los miembros del AMPA y del Consejo Escolar en materias de igualdad y prevención de la violencia de género.
- Realizar jornadas, charlas, debates, talleres dedicados a madres y padres sobre educación en la igualdad y prevención de la violencia.

Nota

Las Asociaciones y las Corporaciones Locales no tienen competencia curricular en los centros educativos, pero sí podrán coordinar sus actuaciones para lograr una mayor eficacia de los recursos destinados a la educación en igualdad y violencia de género.

Para llevar a cabo la prevención en el ámbito educativo podrían realizarse actividades como por ejemplo:

- Realizar actos de homenaje a las víctimas de la violencia de género en el centro educativo.
- Organizar talleres y debates sobre la igualdad, la historia de las mujeres o el acceso de las mujeres a la educación.
- Diseñar exposiciones sobre mujeres que fueron y son relevantes en el ámbito cultural, político, científico y artístico.
- Exponer y analizar datos estadísticos sobre la situación actual de las mujeres.
- Poner películas y analizarlas para despertar la capacidad de reflexión.
- Realizar charlas-coloquio, en las que participen mujeres de la localidad o de la zona que cuenten sus testimonios.

Nota

Las diferentes actividades podrían formar parte de la celebración en el centro educativo del día 25 de noviembre, Día Internacional para la Eliminación de la Violencia contra la Mujer o del día 8 de Marzo, Día Internacional de las Mujeres.

Actividades

10. ¿Sería necesario y oportuno que las asociaciones ciudadanas estuviesen en contacto con los centros educativos en materias de prevención y sensibilización? En caso afirmativo, indique algunas razones.
11. Indique algunos talleres que las asociaciones podrían impartir en los centros educativos.

5.3. Actuación

Con la Ley Orgánica 1/2004, de 28 de diciembre, de Medidas de Protección Integral contra la Violencia de Género comenzaron a implantarse en los centros educativos, protocolos de actuación, que respondían a la necesidad de una detección temprana de los casos de violencia de género, como medida en la lucha contra las mujeres.

Las medidas que deben llevarse a cabo para garantizar una adecuada atención y actuación de los casos de violencia de género son:

- **Identificación:** cualquier miembro de la comunidad educativa que conozca o tenga sospechas de la existencia de una situación de violencia de género en el centro, deberá comunicarlo a la dirección general del centro en cuestión.
- **Recogida de información:** una vez que la dirección general del centro tenga constancia de esta situación, deberá reunirse con el/la tutor/a de la alumna y con el departamento de orientación psicológica y educativa del centro para valorar la situación y recabar la máxima información posible. Si la chica tuviera algún tipo de lesión grave se debería llamar al servicio de emergencias y se llevarían a cabo las medidas necesarias para proteger a la víctima. Además, el centro podría ponerse en contacto con servicios especializados en materia de violencia de género para que interviniesen.
- **Comunicación a los padres o responsables legales de la víctima:** el/la tutor/a de la alumna, con la previa autorización de la directiva, comunicará a los padres de la víctima, mediante una entrevista personal, todo lo ocurrido y las medidas que se han llevado a cabo desde el centro.
- **Comunicación al personal de la comunidad educativa:** siempre que el/la director/a del centro lo estime oportuno, pondrá en conocimiento del resto del equipo docente la situación. Todo ello con la mayor discreción posible, preservando la intimidad de los menores y su derecho a la confidencialidad.
- **Recogida de información de distintas fuentes:** la directiva procederá a recopilar los datos existentes de la alumna. Solicitará informes al departamento de orientación educativa sobre las conductas observadas en la víctima en su tiempo en espacios comunes, como la clase. Pedirá información a compañeros/as y profesores/as de la víctima. Toda esta información servirá para la realización de un informe final sobre los hechos.

- **Procedimientos a seguir con respecto a las partes implicadas:** el informe que se mencionaba en el punto anterior determinará al centro tomar las medidas que considere más oportunas con respecto a las distintas partes implicadas. Y estas son:

  - **La víctima:** ante un caso de violencia de género, se deberá proporcionar a la víctima la mayor atención posible, mostrando nuestro apoyo y poniendo en práctica habilidades de escucha activa. Será necesario trabajar con ella habilidades sociales, de comunicación y de autoestima.
  - **Agresor:** este punto solo es aplicable si el agresor es un alumno del centro. En ese caso, se aplicarán las medidas disciplinarias que el centro haya estipulado en su plan de convivencia. Se podrían llevar a cabo estrategias de convivencia, técnicas de modificación de conducta.
  - **Compañeros/as:** se puede llevar a cabo un taller sobre sensibilización para la igualdad de género y rechazo a la violencia, además de enseñarles habilidades sociales, de comunicación y de autoestima.
  - **Familiares:** es fundamental que reciban asesoramiento sobre los apoyos, tanto internos como externos, con los que cuentan para hacer frente a la situación. Proporcionarles información sobre la violencia de género y las diferentes instituciones y programas disponibles para esos casos.

- **Seguimiento:** será un inspector de la comunidad educativa quien llevará a cabo el seguimiento para comprobar si se están llevando a cabo las medidas impuestas y conocer la situación de todas las partes implicadas.

Actividades

12. Contacte con algún centro educativo y pregunte por las acciones de sensibilización, prevención y actuación que llevan a cabo. Entre sus procedimientos, ¿trabajan de forma coordinada todos los miembros del entorno educativo?

Aplicación práctica

Acude a un centro educativo (este centro abarca en su oferta educativa desde la educación infantil hasta la secundaria), para presentar la posibilidad de colaborar activamente desde la asociación a la que pertenece. Tras la entrevista con la dirección, observa que solo se presentan medidas para la detección de casos de violencia de género. Por tanto, ¿qué otras líneas de actuación social necesitan desarrollar en el centro educativo?

SOLUCIÓN

Requieren desarrollar desde el centro educativo procedimientos de actuación social y educativa como la sensibilización y prevención hacia la comunidad educativa.

---

6. Procesos de capacitación y formación de profesionales del entorno de intervención

La Ley Orgánica 1/2004, de 28 de diciembre, de Medidas de Protección Integral contra la Violencia de Género establece entre sus principios rectores *fomentar la especialización de los colectivos profesionales que intervienen en el proceso de información, atención y protección a las víctimas* (art. 2.j), con la intención de mejorar los mecanismos existentes para asegurar una protección integral a las víctimas de violencia de género, desde la colaboración y participación de las entidades, asociaciones y organizaciones que actúan contra la violencia de género.

Importante

Todos los equipos encargados de atender a las víctimas deben estar informados de la necesidad de compartir sus experiencias con el objetivo de generar una mayor capacitación y formación.

Del mismo modo, la Ley Orgánica 3/2007, de 22 de marzo, para la Igualdad Efectiva de Mujeres y Hombres, en el artículo 61 establece que:

> *1. Todas las pruebas de acceso al empleo público de la Administración General del Estado y de los organismos públicos vinculados o dependientes de ella contemplarán el estudio y la aplicación del principio de igualdad entre mujeres y hombres en los diversos ámbitos de la función pública.*
>
> *2. La Administración General del Estado y los organismos públicos vinculados o dependientes de ella impartirán cursos de formación sobre la igualdad de trato y oportunidades entre mujeres y hombres y sobre prevención de la violencia de género, que se dirigirán a todo su personal.*

Por tanto, la capacitación y formación en materias de igualdad y violencia de género de los colectivos profesionales, tales como el profesorado, el personal sanitario, los abogados del turno de oficio, jueces y magistrados, fiscales, secretarios judiciales, fuerzas y cuerpos de seguridad y médicos forenses es un elemento clave para la lucha de forma efectiva contra la violencia de género.

Para llevar a cabo este principio de formación en igualdad, tanto el Instituto de las Mujeres (como organismo autónomo dependiente del Ministerio de Igualdad) como la Delegación del Gobierno contra la Violencia de Género participan tanto en la creación de criterios comunes para la formación de los profesionales como en el desarrollo de acciones formativas.

6.1. Modalidades de formación para la igualdad de oportunidades

El Instituto de la Mujer tiene disponible en su página web distintas modalidades de formación dirigidas a la promoción de la igualdad de oportunidades entre mujeres y hombres.

Esta formación puede ser online a través de la oferta formativa que la Escuela Virtual de Igualdad (EVI) pone a disposición de las personas; y en formato presencial, cuyas actividades formativas están disponibles en la página web del Instituto de las Mujeres.

Formación Presencial

En cuanto a la formación presencial se encuentran cursos presenciales, encuentros y jornadas formativas y conferencias didácticas dirigidos y dirigidas a colectivos, entre los que se incluyen, el funcionariado público, profesionales de la educación, personal sanitario, empresas, madres y padres y ciudadanía en general.

Para la realización de los cursos colaboran distintas organizaciones e instituciones públicas y privadas, facilitando la adaptación de horarios y contenidos, teniendo en cuenta las especificidades de los colectivos y grupos a los que va dirigido.

La relación de cursos, programas, talleres, etc., disponibles en alguna de las áreas temáticas de la página web del Instituto de las Mujeres es:

- Salud:
  - Programa de prevención de la violencia de género para las mujeres en centros penitenciarios.
  - Curso de investigación cualitativa y perspectiva de género en salud.
  - Diploma de especialización en salud pública y género.
- Educación:
  - Programa MOOC "Educar en Igualdad".
  - Estudio Nº 7: Orientación educativa y prevención de la violencia.
  - Cuentos para coeducar.
  - XV Jornada Intercambia: Coeducación, planes de igualdad.
- Sociedad de la información:
  - Informe "La ciberviolencia contra mujeres y niñas".
  - Informe "Violencia contra las mujeres y TIC".
  - Informe "El ciberacoso como forma de ejercer la violencia de género en la juventud: un riesgo de la sociedad de la información y del conocimiento".

Formación *online*

Mediante esta modalidad formativa se ofrece una alternativa a la modalidad presencial, ofertando una formación que se adapta a la disponibilidad del alumnado.

Desde esta modalidad se ofrece una formación dirigida tanto a la población en general como al personal profesional de distintos ámbitos.

En cuanto a la población en general se encuentra la Escuela Virtual de Igualdad. Y con respecto a los profesionales del entorno de intervención existen cursos formativos dirigidos al ámbito jurídico, sanitarios, Servicios Sociales, educativo, empresas y local.

El Instituto de las Mujeres dispone de la Escuela Virtual de Igualdad con un catálogo diverso de acciones formativas

Nota

En la Escuela Virtual de Igualdad se puede consultar la oferta formativa y los contenidos, horas, materiales, personas destinatarias y objetivos correspondientes a cada acción formativa.

Actividades

13. Busque las acciones formativas que la Escuela Virtual tiene disponibles e indique de forma razonada aquellas que le resulten más interesantes.

Aplicación práctica

Desde la asociación a la que usted pertenece proponen que los integrantes de la misma realicen algunos cursos actuales en materia de igualdad y violencia de género. Usted no puede, por cuestiones de disponibilidad horaria poder realizar cursos presenciales. ¿Qué otras vías puede tomar para realizar cursos de formación?

SOLUCIÓN

La Escuela Virtual de Igualdad oferta acciones formativas en la modalidad *online*. Esta modalidad se adaptaría a la disponibilidad horaria.

7. Actuaciones específicas con menores afectados por situaciones de violencia de género

La violencia de género, tal y como se vio en el capítulo anterior, provoca graves consecuencias en la salud y en el desarrollo de los menores que la sufren. Estas consecuencias pueden ser de diversa índole: alteraciones emocionales, cognitivas, conductuales y problemas físicos, y dependerán de las características del menor o la menor, de la violencia sufrida, y la situación familiar, entre otras.

En cuanto al marco normativo, la Ley Orgánica 1/2004, de 28 de diciembre, de Medidas de Protección Integral contra la Violencia de Género establece en el artículo 19.5 que:

> *También tendrán derecho a la asistencia social integral a través de estos servicios sociales los menores que se encuentren bajo la patria potestad o guarda y custodia de la persona agredida, o convivan en contextos familiares en los que se cometen actos de violencia de género. A estos efectos, los servicios sociales deberán contar con personal específicamente formado para atender a los menores, con el fin de prevenir y evitar de forma eficaz las situaciones que puedan comportar daños psíquicos y físicos a los menores que viven en entornos familiares donde existe violencia de género. En particular, deberán contar con profesionales de la psicología infantil para la atención de las hijas e hijos menores víctimas de violencia de género, incluida la violencia vicaria.*

Así pues, los servicios especializados en la atención de víctimas de violencia de género deben realizar actuaciones específicas, dirigidas no solo a las mujeres víctimas, sino también a los y las menores a su cargo; con el objetivo de atender todas sus necesidades, garantizar sus derechos, reparar las consecuencias generadas por la situación de violencia, reforzando la relación de la madre con los menores (relación materno-filial).

Asimismo, la Ley Orgánica 8/2021, de 4 de junio, de protección integral a la infancia y la adolescencia frente a la violencia, vela por los derechos fundamentales de los/as niños/as y adolescentes ante cualquier forma de violencia, garantizando un desarrollo personal adecuado, recogiendo medidas de protección integral que incluyan acciones de sensibilización, prevención, detección, protección y reparación del daño.

Para realizar una adecuada intervención se deberán tener en cuenta algunas consideraciones generales, así como algunos de los objetivos generales en toda actuación y saber el procedimiento de dicha actuación.

7.1. Consideraciones generales para la intervención con menores

Ante cualquier actuación con los hijos e hijas víctimas de violencia de género deben contemplarse las siguientes consideraciones generales:

- Se debe informar a la madre de las consecuencias que ha podido generar en sus hijos/as, así como la necesidad de proteger a los niños y niñas de las situaciones de violencia.
- La intervención debe ser global e integral abordando todas las cuestiones relevantes para realizar una adecuada intervención dirigida a los menores de forma directa, y también dirigida a la relación de los menores con su madre (relación materno-filial).
- Es recomendable abordar la intervención, siempre que se pueda, desde el entorno familiar; para ello resulta de vital importancia la participación y colaboración de la madre, ya que permitirá conocer la dinámica familiar, y la relación madre-hijo/a. Por tanto, para intervenir con menores, es importante trabajar de manera conjunta con la madre.

- Tanto los tiempos como el ritmo de la intervención deben establecerse con el consenso de la mujer y de sus hijos/as. Se deberá dar el tiempo necesario para que se sientan preparados y en disposición en todo momento.
- La coordinación entre los distintos servicios y recursos es primordial para avanzar en la recuperación de las víctimas.
- Debe realizarse el seguimiento de la situación familiar (tanto si acepta o no la intervención), ya que se debe estar alerta ante situaciones de riesgo y de especial vulnerabilidad y así poder intervenir en caso de urgente necesidad.

7.2. Objetivos durante la intervención con menores

La intervención con menores se llevará a cabo mediante un plan de intervención familiar que contendrán actuaciones dirigidas directamente hacia los y las menores, y también de forma indirecta dirigida hacia la relación de los menores con su madre (relación materno-filial).

Nota

La intervención dirigida hacia la relación de los y las menores con sus madres se basa en la importancia que tienen las madres en el proceso de recuperación de sus hijos e hijas.

Por tanto, los objetivos para cada una de estas dos líneas de actuación serán diferentes. Y de forma general, estos objetivos son:

- Durante la intervención directa con menores:
  - Conocer las características de la violencia de género en la infancia.
  - Canalizar y regular emocionalmente las vivencias de los episodios de violencia sufridos.

- Desarrollar la inteligencia emocional, identificando las emociones propias y ajenas, fomentando el desarrollo de la empatía y de estrategias de autocontrol.
- Fomentar la adquisición de estrategias de autoprotección y seguridad personal.
- Fortalecer y mejorar la autoestima.
- Reconocer los derechos que están siendo vulnerados o han sido vulnerados.
- Ayudar a emplear estrategias de resolución de problemas y conflictos sin violencia.
- Mejorar las habilidades sociales y comunicativas.
- Solventar los cambios producidos en sus creencias, actitudes y valores debido a las situaciones de violencia sufridas.
- Cambiar y modificar los valores y creencias asociados a la violencia, como por ejemplo, creencias del tipo: *para que me respeten debo de ser violento, pegar a las mujeres es normal en los matrimonios.*
- Conocer los estereotipos, roles de género y mitos de la violencia de género.
- Mejorar y reestructurar su autoculpabilidad.
- Aprender técnicas de relajación para reducir la tensión y ansiedad.
- Ayudar y favorecer la integración escolar.

- Durante la intervención de la relación materno-filial (intervención indirecta del menor):

  - Informar de los síntomas y secuelas de la violencia de género en menores.
  - Explicar todas las situaciones y tipos de violencia que repercuten en los hijos e hijas.
  - Conocer los diferentes estilos y formas de educar.
  - Aprender diferentes técnicas para manejar de forma adecuada las situaciones cotidianas con sus hijos e hijas.
  - Establecer normas, asegurar su cumplimiento y establecer límites con los hijos e hijas.
  - Potenciar estrategias de negociación, conciliación y resolución de conflictos.

- Promover la educación en igualdad, fomentando roles igualitarios, como el reparto de tareas en el hogar y reconceptualizando el rol materno.
- Fomentar y mejorar la comunicación entre madres e hijos/as facilitando canales de comunicación que incluyan la expresión emocional y canalización de las situaciones vividas.
- Mejorar la autoestima y fomentar una posición positiva como madre.

Importante

Los objetivos establecidos en cada actuación se adaptarán a la edad del menor o la menor, así como a las características familiares y circunstancias del caso de violencia de género en cuestión.

7.3. Procedimientos durante la actuación con menores

Los profesionales y las profesionales encargadas en atender a las víctimas de violencia de género, deben conocer y comprender las necesidades que pueden presentar tanto las mujeres víctimas como sus hijos e hijas.

Para ello, en primer lugar se deberá realizar una buena valoración, ya que será la base para confeccionar un plan de intervención familiar que cubra todas las necesidades de las víctimas.

Valoración

Para realizar la valoración, en primer lugar se deberá comenzar con una recogida de información. Para ello, se debe conocer cuál es la situación actual y pasada de las víctimas, con ayuda de información previa procedente de otros servicios y recursos del entorno de intervención. Ya que esta información previa va a ayudar a comprender la problemática global de la familia y completar la valoración. Y además va a permitir prevenir procesos de victimización secundaria en la mujer y sus hijos, ya que no tendrán que relatar de nuevo lo que ya contaron a otros u otras profesionales.

Importante

El primer paso para diseñar un plan de actuación con los y las menores víctimas es realizar una adecuada valoración.

Si no se dispone de información previa procedente de otros recursos y servicios, se deberá realizar obviamente una primera valoración. No obstante, tanto si se realiza una valoración complementaria con la información previa disponible, como si se tiene que realizar una valoración inicial, en cualquiera de los casos, la valoración debe recoger información del estado de los y las menores, teniendo en cuenta las siguientes variables:

- **Edad del menor o de la menor:** conocer la edad va a permitir conocer las consecuencias generadas en su desarrollo evolutivo, y así establecer los objetivos de actuación adecuados. En cuanto a la edad, no solo se debe registrar la edad correspondiente en el momento de la valoración, sino que también es necesario conocer la edad que tenía en los distintos episodios de violencia ocurridos anteriormente.
- **Características de los episodios de violencia sufridos (tipología, gravedad y frecuencia):** se deberán conocer las diferentes vivencias de violencia por parte de los menores, así como la gravedad y frecuencia de las mismas; considerando especialmente las situaciones de gravedad, ya que se deberá garantizar la protección de la mujer y de los menores.
- **Valoración del riesgo al mantener contacto con el agresor:** pueden existir factores de riesgo presentes aun tras la ruptura de la pareja, como por ejemplo cuando los menores siguen manteniendo contacto con el agresor en regímenes de visita. Estos factores de riesgo pueden comprender amenazas o actos de violencia hacia su madre, dificultades para la recuperación del menor, exposición a un modelo de paternidad autoritario,

cuidados negligentes o irresponsables, riesgo de secuestro, revivir situaciones de violencia con nuevas parejas del progenitor agresor.

- **Valoración de las consecuencias conductuales, emocionales, físicas, cognitivas y sociales que han generado en el menor o en la menor:** el menor o la menor puede haber desarrollado irritabilidad, agresividad, miedos, fobias, ansiedad, problemas para dormir, problemas de sociabilización en su entorno, problemas de aprendizaje en el centro educativo, etc. Por ello, es imprescindible contar con una valoración médica y psicológica global del menor o la menor.
- **Grado de protección del menor o la menor desde su entorno más inmediato:** es importante valorar el entorno familiar y social de los y las menores, ya que permitirá conocer con qué otros recursos se puede contar para garantizar la protección de los y las menores.
- **Relación de la madre con los menores (relación materno-filial):** la relación materno-filial que tiene como vínculo afectivo a la madre, debe llegar a ser, aquella basada en la protección y seguridad. El vínculo de los menores con su madre es un elemento imprescindible para la recuperación del menor y/o de la menor. De este modo, siempre que sea posible, es de vital importancia la participación de esta en el proceso de intervención (intervención indirecta del menor).
- **Grado de resiliencia del menor o de la menor:** la resiliencia es la capacidad de las personas, en este caso de los menores, de recuperarse de la situación que está viviendo mediante sus propios recursos. Estos recursos serán mayores y mejores en función de la capacidad afectiva y de interacción social de los menores. Algunos de los indicadores que pueden servir para valorar un alto grado de resiliencia en los menores son:

    - La existencia de disposición activa por parte del menor a intentar resolver y compartir sus experiencias.
    - La existencia de buenas habilidades sociales y de comunicación.
    - Si muestra cierto optimismo para superar las experiencias vividas y presenta motivación para conseguir nuevos logros y proponerse nuevas metas.
    - Considerando su etapa evolutiva, si muestra madurez y autonomía personal.

Para completar la valoración, además de recoger información sobre las variables indicadas anteriormente, se deberán conocer las estrategias de adaptación (o supervivencia) que adoptan las y/o los menores víctimas de violencia de género.

Importante

Los profesionales encargados de realizar actuaciones con menores deben tener formación específica en materias de igualdad y violencia de género y además formación en atención con menores.

Para ello, se podrá recoger información de los menores teniendo en cuenta los siguientes indicadores (según Baker y Cunningham, 2004):

- Bloqueo mental o desconexión emocional:
  - Insensibilidad ante las emociones o bloqueo de los pensamientos.
  - Desconectan del ruido y el caos, aprenden a no oírlo.
  - Creer que son alguna otra persona a través de concentrarse mucho.
  - Beben alcohol y/o usan drogas.
- Pensamientos y uso de fantasías:
  - Planean la venganza de su agresor, fantasean con matarle.
  - Fantasean con una vida más feliz, viviendo con otra familia.
  - Fantasean sobre cómo será su vida después del divorcio o cuando acaben las agresiones.
  - Fantasean con tener un accidente.
  - Desean ser rescatados por un súper héroe, la policía o un príncipe.

- Evitación física:
  - Irse a otra habitación, abandonar la casa durante una agresión.
  - Buscan excusas para no ir a casa.
  - Huyen de casa.
- Búsqueda de amor y aceptación en lugares erróneos:
  - Se relacionan con "malas influencias".
  - Tienen relaciones sexuales para encontrar intimidad y cercanía.
  - Se quedan embarazadas en la adolescencia para tener a alguien que las quiera.
- Obtener el rol del cuidador u ocupar un lugar en la familia a través del cuidado:
  - Protegen a los hermanos y hermanas del peligro.
  - Cuidan a los bebés como si fueran sus padres o madres cogiendo un rol paterno o materno.
  - Cuidan de su madre.
- Búsqueda de ayuda:
  - Cuentan lo que pasa a alguien de la escuela, a un vecino/a, a alguna amiga o amigo de la madre, etc.
  - Llaman a la policía.
  - Hablan con los hermanos/as, amigos/as o alguna persona adulta que sea significativa.
- Actuaciones realizadas para expresar que necesitan ayuda:
  - Hacen actos temerarios o intentos de suicidio.
  - Se autolesionan.
  - Explosiones de ira, son agresivos o agresivas con otras personas, se pelean.

- Redirigir emociones hacia actividades positivas:

  - Hacen deporte, salen a correr, tienen mucha actividad física, etc.
  - Escriben, dibujan, hacen poesía, teatro u otras actividades creativas.
  - Muestran excelentes resultados académicos.

- Intentar predecir, explicar, prevenir o controlar el comportamiento del agresor:

  - Creencias del tipo: *mamá ha sido mala* o *yo he sido malo/a* o bien *papá está estresado del trabajo.*
  - Piensan *yo puedo parar la violencia si cambio mi forma de comportarme* o *puedo saber cuándo pasará la próxima agresión.*
  - Intentan ser la niña o el niño perfecto.
  - Mienten para tapar alguna cosa mala (por ejemplo, malas notas en el colegio) para evitar críticas, agresiones o situaciones de estrés en la familia.

Una vez realizada la valoración del estado general de los menores, teniendo en cuenta las variables e indicadores descritos en el presente apartado, se estará en disposición de elaborar un Plan de Intervención Familiar adecuado y personalizado dirigido a la recuperación de los menores.

Plan de Intervención Familiar

Los **objetivos principales en la intervención** serán garantizar la protección de la mujer y los hijos/as actuando sobre las situaciones de riesgo, y realizar actuaciones para recuperar y estabilizar a las víctimas teniendo en cuenta la nueva unidad familiar.

Nota

Cualquier acción con los y las menores debe ser diseñado en función de sus necesidades, de su desarrollo evolutivo, y de su grado de resiliencia. En definitiva, en función de la valoración que se haya realizado.

Para la consecución de los objetivos se diseñará un Plan de Intervención Familiar con actuaciones dirigidas a los menores de forma directa y a la relación materno-filial. Este plan de intervención tendrá un enfoque integral abordando los aspectos psicológicos, sociales y educativos generando mayor grado de resiliencia para la recuperación de las consecuencias derivadas de las situaciones de violencia vividas.

Medidas y acciones sobre los menores (de forma directa)

Las distintas acciones sobre los menores tendrán la finalidad de fomentar sus recursos, expresar sus emociones, recuperar los síntomas y secuelas generados, y prevenir la repetición de relaciones sociales basadas en la violencia.

Las principales acciones que se llevarán a cabo son:

- **Ayudar al menor a generar una visión realista de la situación:** explicar el cambio ocurrido desculpabilizando al menor desde el primer instante. Para ello, no hay que aludir a la responsabilidad de los padres con términos padre -malo-demonio y madre-buena-ideal para que logren tener una visión real de lo ocurrido. Lo ideal es centrarse en el proceso de cambio familiar, sin buscar culpables para mejorar su proceso de recuperación.
- **El menor debe ser parte activa del proceso de intervención:** el menor debe adoptar un rol activo y protagonista de su propio proceso de recuperación, favoreciendo su autonomía y valía personal

- **Fomentar autonomía personal y potenciar sus capacidades:** los menores deben tener presente que poseen capacidades y habilidades para desarrollar actividades de forma autónoma.
- **Ofrecer un espacio y un tiempo para expresar sus pensamientos y sentimientos:** el menor tiene que tener oportunidad de manifestar sus pensamientos y emociones, y sentir que se puede ayudar en la comprensión de lo que ha vivido.
- **Asumir normas y límites educativos:** es importante que los menores acepten normas y límites educativos, siendo algo común y beneficioso para su educación y que las aplican de forma coherente las personas que les quieren y les importan.
- **Abordar el tema de la violencia y sus consecuencias:** para ello, se deberá ayudarles a conocer las emociones que derivan de los comportamientos violentos, promoviendo estrategias de resolución de conflictos mediante estrategias sociales y de comunicación. Esto le ayudará a ver que las relaciones igualitarias entre personas son posibles y que son más satisfactorias y que por tanto existen otros modelos de relación basados en el respeto, la confianza y el afecto.
- **Fomentar nuevas conductas y motivaciones:** Se deberán cambiar algunas estrategias de adaptación basadas en fantasías, bloqueos emocionales, autocastigo, aislamiento, huidas, etc.

Medidas y acciones sobre los menores (de forma indirecta: a través de la madre)

A través de la madre y su relación con su hijo o hija se podrá mejorar la recuperación del menor y a su vez de la madre. Para ello, la madre podrá poner en práctica las siguientes acciones:

- **Fomentar el vínculo materno filial desde el componente afectivo:** en líneas generales, esta actuación es el pilar de la intervención, puesto que el menor o la menor podrá conseguir probablemente una recuperación mayor, tomando consciencia de la importancia del afecto como vía para salir de las consecuencias generadas por la violencia.
- **Consultar, preguntar y validar las opiniones y deseos del menor:** es importante hacer sentir a los menores que su opinión es tenida en

cuenta, y que sus deseos y opiniones son importantes para las personas que tiene a su alrededor. Esto consigue generar en el menor o la menor una sensación de seguridad, sentirse ser una persona válida y aumentar la autoestima. Tener en cuenta las opiniones no significa que las decisiones siempre se tomen según las preferencias del menor o de la menor.

- **Crear filtros de protección alrededor de los problemas de los adultos:** los menores no deben conocer ciertas cuestiones íntimas o privadas de su madre. En este caso es importante trabajar con la madre la importancia de mantener filtros sobre la información que debe conocer el menor o a la menor, como por ejemplo, los procesos judiciales, detalles de las situaciones de violencia.
- **Pautas educativas con normas y límites:** la madre debe recuperar la figura de autoridad y respeto sobre el menor o la menor en cuanto a la aceptación de normas de convivencia, deberes y responsabilidades del menor. Teniendo en consideración que no se debe actuar con sobreprotección, ni con permisividad. Para ello, se debe trabajar sobre la existencia de normas educativas y su cumplimiento, y siempre desde la perspectiva de respeto y afecto.
- **Dedicar tiempo cada día con los hijos o hijas:** se deberá incidir en la importancia de esto, la madre debe realizar actividades de forma conjunta con sus hijos o hijas: juegos, deberes, paseos, etc. Los menores deben ser conscientes de que son merecedores de que les dediquen tiempo, y más aún su madre.

Actividades

14. ¿En qué consiste el Plan de Intervención Familiar?
15. Enumere las medidas generales de acción dirigidas a los menores, tanto las realizadas de forma directa como de forma indirecta.

7.4. Situaciones específicas de atención

En este apartado, se comentarán en líneas generales, algunas situaciones específicas de atención en menores: desde centros de alojamiento temporal, puntos de encuentro, servicio de protección de menores, en situaciones de crisis (ante el fallecimiento de la madre o tutora).

En los centros de alojamiento temporal: casas de acogida y pisos tutelados

Desde los centros de acogimiento temporal (casas de acogida, pisos titulados), de forma general, se realizan las siguientes acciones sobre los hijos e hijas víctimas de violencia de género:

- Informar sobre el servicio, el tiempo previsto de estancia, explicarles y ayudar a su madre a explicarles qué ha ocurrido y porqué están en el centro.
- Organización y acompañamiento en las tareas y actividades diarias, fomentando su autonomía e independencia.
- Realización de talleres y juegos para abordar los aspectos de la intervención de forma lúdica y acorde a su edad.
- Asistencia psicológica mediante terapias y tratamientos psicológicos.
- Acompañamientos a los diferentes recursos existentes.
- Salidas lúdicas con los menores y sus madres.
- Derivación a los recursos necesarios.

Puntos de encuentro

Desde los puntos de encuentro, las acciones irán encaminadas a supervisar la recogida de los menores y garantizar el intercambio entre progenitores para el cumplimiento de visitas. Además se abordarán los temores y preocupaciones que puedan surgir ante estas situaciones por parte de la madre.

Servicios de protección de menores

Desde los servicios de protección de menores podrá determinarse la intervención centrada únicamente con los menores debido a situaciones de:

- Desamparo y/o desprotección del menor (agresiones físicas, psicológicas, abandono, etc.).
- Existencia de trastorno mental que impida a la madre el cuidado y atención de sus hijos/as.
- Drogodependencias de la mujer.

Situaciones de crisis: muerte de la madre

En las situaciones en las que muere la progenitora como consecuencia de la violencia de género, las personas que deberán comunicar las situaciones de pérdida a los hijos/as, serán aquellas que vayan a mantenerse en el proceso de duelo (personas próximas al menor), contando con el apoyo profesional para estos casos.

Para comunicar esta situación de pérdida se deben seguir unas recomendaciones:

- Decir la verdad, sin negarle la realidad, puesto que mentir o negar el hecho supone solo retrasar el proceso de duelo e incluso provocar más dolor si reciben la noticia por otros medios.
- Se podrá detallar la información que pueda entender, así por ejemplo, no sería recomendable dar explicaciones excesivas a un menor de tres años.
- No dar más información de la que el niño o la niña puedan asumir emocionalmente, en esos momentos, siendo una solución facilitar la información de forma dosificada.
- Ofrecer el máximo apoyo emocional.

Aplicación práctica

Sonia es derivada a una casa de acogida debido a que no dispone de una vivienda que le asegure su protección, allí le asistirán tanto a ella como a su hija de 8 años. A Sonia le preocupa la situación en la que se encuentra su hija porque la ve muy afectada psicológicamente.

Continúa en página siguiente >>

<< Viene de página anterior

¿Qué capacitación y formación deberán tener los/las profesionales (psicólogos o psicólogas) que atienda a la hija de Sonia?

SOLUCIÓN

Los/las profesionales encargadas de atender a la hija de Sonia deberán tener, además de la titulación reglada correspondiente en psicología, formación en violencia e igualdad de género. Y además formación específica para desarrollar la capacidad de atender a menores en situaciones de violencia de género.

---

8. Resumen

Los procesos de sensibilización y prevención son estrategias imprescindibles para luchar contra la violencia de género.

Estas estrategias no solo deben ser dirigidas a las mujeres, sino a toda la población. Con el objetivo de que se conozca y se tome conciencia de un modo global en todo el conjunto de la sociedad.

Para ello, resulta importante elaborar estas estrategias desde todas las administraciones y entidades, tanto públicas y privadas. Teniendo gran relevancia la colaboración del movimiento asociativo con todos los agentes del entorno de intervención generando una red de apoyo fundamental para las víctimas.

En cuanto a la capacitación y formación en materias de igualdad y violencia de género, es primordial que los profesionales de los distintos ámbitos de intervención cuenten con capacitación y formación actualizada y continua en materias de igualdad de género.

En materias de prevención, las actividades formativas y educativas son las herramientas fundamentales que deben implantarse en todos los centros escolares. Por ello, el profesorado debe contar también con formación especializada en materias de igualdad y violencia de género.

En cuanto a las víctimas, las asociaciones cuentan con una red de apoyo fundamental para su recuperación. Por ello, se deberá incidir en la necesidad de coordinación por parte de los equipos encargados de atender a las víctimas con estas asociaciones y entidades.

Para terminar, no se debe olvidar la necesidad de atender a los y las hijos/as víctimas de la violencia de género con profesionales con formación especializada no solo en igualdad y violencia de género sino también en la atención con menores.

Ejercicios de repaso y autoevaluación

1. **¿En qué consiste el proceso de prevención de la violencia de género?**

____
____
____
____

2. **Según el Plan Nacional de Sensibilización y Prevención de la Violencia de Género, ¿cómo ha de realizarse la sensibilización?**

____
____
____
____

3. **Señale si la siguiente afirmación es verdadera o falsa.**

Los procesos de sensibilización y prevención, son actuaciones de intervención social diferentes pero complementarias.

- ☐ Verdadero
- ☐ Falso

4. **¿A través de qué espacio de formación del Instituto de las Mujeres se pueden realizar cursos online en materia de igualdad?**

   a. Escuela Virtual de Igualdad (EVI).
   b. Observatorio de las Mujeres.
   c. Programa EDUCA.
   d. IMIO Formación.

5. El Instituto de las Mujeres es:

a. Una asociación de mujeres de carácter privado.
b. Una fundación social centrada en la inserción sociolaboral de las mujeres.
c. Un organismo autónomo dependiente del Ministerio de Igualdad.
d. Un organismo privado e independiente que lucha contra la violencia de género.

6. Señale si la siguiente afirmación es verdadera o falsa.

Todas las pruebas de acceso al empleo público de la Administración General del Estado y de los organismos públicos vinculados o dependientes de ella no deben contemplar obligatoriamente el estudio y la aplicación del principio de igualdad entre mujeres y hombres en los diversos ámbitos de la función pública (art. 61 de la Ley Orgánica 3/2007, de 22 de marzo, para la Igualdad Efectiva de Mujeres y Hombres).

☐ Verdadero
☐ Falso

7. En los procedimientos de sensibilización sobre la violencia de género, ¿cuál de los siguientes está más orientado a los jóvenes y adolescentes?

a. Campañas de sensibilización donde se dan a conocer el ciclo de la violencia.
b. Programas educativos y de formación en los centros educativos.
c. Talleres formativos sobre las actuaciones de la comunidad educativa ante la violencia de género.
d. Actividades de animación sociocultural para fomentar la igualdad en el ámbito del ocio.

8. Complete la siguiente oración.

La Estrategia Estatal contra las Violencias Machistas 2022-2025 se elabora en coordinación con las distintas ____________________ ____________________ y la ciudadanía. A través de esta estrategia se definen las actuaciones de las políticas públicas dirigidas a __________ y __________ todas las formas de violencia contra las mujeres.

9. Cualquier asociación cuando se plantea como objetivo la lucha contra la violencia de género, debe realizar en primer lugar:

a. Una valoración de los recursos existentes en el entorno donde va a intervenir, con la finalidad de colaborar sin solapar y replicar recursos.
b. Informarse sobre las subvenciones y ayudas existentes y así configurar sus líneas de actuación.
c. Crear un protocolo de actuación y coordinación.
d. Todas las opciones son incorrectas.

10. ¿En qué consiste el Plan de Intervención Familiar?

____

____

____

____

Glosario

Agente de igualdad
Es una figura profesional con el objetivo principal en su labor profesional de luchar para que las diferencias existentes entre las mujeres y los hombres no se conviertan en desigualdades ni generen situaciones de discriminación.

Coeducación
Es el proceso educativo enfocado de forma independiente al sexo al que pertenezcan las personas. Por tanto, la coeducación se refiere a la acción educativa en la que no existe desigualdad ni discriminación hacia las personas con independencia del sexo al que pertenezcan.

Corresponsabilidad doméstica
Se refiere al reparto de las responsabilidades domésticas y familiares.

Cultura de paz
Consiste en una serie de valores, actitudes y comportamientos que rechazan la violencia y previenen los conflictos tratando de atacar sus causas para solucionar los problemas mediante el diálogo y la negociación entre las personas, los grupos y las naciones.

Empatía
Capacidad de proyectarse en la personalidad de los otros. O también, como el proceso a través del cual se llega a conocer las expectativas, sentimientos y pensamientos del otro y anticipar sus estados psicológicos.

Empoderamiento
Se entiende por empoderamiento como una de las nociones básicas para combatir de forma eficaz la violencia de género. El empoderamiento supone reconocer a la mujer como miembro de pleno derecho de la comunidad, con acceso al poder y a la toma de decisiones en cualquier ámbito de la vida pública y privada.

Estereotipo
La palabra estereotipo fue utilizada por primera vez en 1922 por un periodista (Lippman), refiriéndose con ella a ciertas imágenes culturalmente determinadas que se inmiscuyen entre las facultades cognitivas del individuo y sus percepciones del mundo.

Estereotipo de género
Son ideas simplificadas, pero fuertemente asumidas, sobre las caracterís-

ticas asignadas socialmente, culturalmente a los hombres y a las mujeres.

Género

El género se refiere a los papeles sociales construidos para la mujer y el hombre asentados en base a su sexo y dependen de un particular contexto socioeconómico, político y cultural, y están afectados por otros factores como son la edad, la clase, la raza y la etnia, tal y como se establece en la IV Conferencia Mundial sobre la Mujer celebrada en Beijing, 1995.

Por tanto, género no es sinónimo de mujer, ni de hombre.

Mainstreaming

El mainstreaming de género, adaptado al castellano como transversalidad de género, y hace referencia a la estrategia empleada en la búsqueda de la igualdad de género, y también para denominar determinadas herramientas para el análisis de género.

Sexo

Es el conjunto de características físicas, biológicas y corporales con las que nacen los hombres y las mujeres. Son naturales y esencialmente inmodificables.

Roles de género

Son el conjunto de papeles y expectativas diferentes para mujeres y hombres que marcan la diferencia respecto a cómo ser, cómo sentir y cómo actuar.

Perspectiva de género

La perspectiva de género permite analizar y comprender las características que definen a las mujeres y a los hombres, así como sus semejanzas y diferencias. Analiza las posibilidades y oportunidad desde ambos, sus expectativas, las complejas y diversas relaciones sociales que se dan entre ambos géneros, así como los conflictos institucionales y cotidianos que deben enfrentar y las maneras en que lo hacen, tal y como recoge la definición de la Agencia Española de Cooperación Internacional, 2007.

Plan de convivencia (en un centro educativo)

Documento incluido en el proyecto educativo del centro, en el que se recogen los criterios para el funcionamiento y la organización de la comunidad educativa, así como las medidas necesarias para prevenir y actuar en situaciones de conflicto.

Plan de igualdad

Son un conjunto ordenado de medidas, adoptadas después de realizar un diagnóstico de situación, tendentes a alcanzar en la empresa la igualdad de trato y de oportunidades entre mujeres y hombres y a eliminar la discriminación por razón de sexo, tal y como se recoge en el artículo 46 Ley Orgánica 3/2007.

Resiliencia

Término, que proviene de la física, y fue introducido en el campo de la psicología por el psiquiatra infantil Michael Rutter y por Boris Cyrulink (neurólogo, psiquiatra y etólogo francés) para referirse a la capacidad que tienen las personas para superar tragedias o acontecimientos fuertemente traumáticos.

Bibliografía

Monografías

- ASENSI, L. F. y DÍEZ-JORRO, M.: *Evaluación Psicológica Forense de menores víctimas de violencia de género.* [s.l.]: Doctrina Práctica, 28: 75-91, 2016.

- Estudio sobre mujeres víctimas de violencia de género en el mundo rural. Madrid: Federación de Asociaciones de Mujeres Rurales (FADEMUR), 2020.

- FARIÑA, F., ARCE, R. y BUELA-CASAL, G.: *Violencia de Género. Tratado psicológico y legal.* Madrid: Ed. Biblioteca Nueva, 2015.

- GARCÍA, M. D.: *El agresor en la violencia de género. Análisis desde el punto de vista del Derecho del Trabajo y de la Seguridad Social.* Granada: Universidad de Granada, 2015.

- GÓMEZ, M. R., MUÑOZ, J. M., GÓMEZ, R. y MATEOS, N.: *Guía de Buenas prácticas para la evaluación psicológica forense del riesgo de violencia contra la mujer en las relaciones de pareja.* Madrid: Colegio Oficial de Psicólogos de Madrid, 2012.

- HERNÁNDEZ, A.: *La violencia de género: Una mirada desde el trabajo social.* Granada: Universidad de Granada: 2015.

- Macroencuesta de Violencia contra la Mujer 2019. Madrid: Subdirección General de Sensibilización, Prevención y Estudios de la Violencia de Género (Delegación del Gobierno contra la Violencia de Género).

- MORILLAS, D. L.: *Víctimas especialmente vulnerables y Ley Orgánica 1/2004*. [s.l.]: Universidad de Murcia, 2015.

- RAMÓN, E.: *Los delitos de Violencia de Género: Objeto de protección*. [s.l.]: Universidad de las Islas Baleares, 2015.

- VV. AA.: *Encuesta Europea de Violencia de Género 2022. Estudios e investigaciones*. Madrid: Delegación del Gobierno contra la Violencia de Género, 2023.

- VV. AA.: La situación de la violencia contra las mujeres en la adolescencia en España. Estudios e investigaciones. Madrid: Delegación del Gobierno contra la Violencia de Género, 2021.

Textos electrónicos, bases de datos y programas informáticos

- Centros de Atención a las Mujeres, de: <http://www.inmujer.gob.es/servRecursos/centrosAtencion/home.htm>.

- Delegación del Gobierno contra la Violencia de Género del Ministerio de Igualdad, de: <http://www.violenciagenero.igualdad.gob.es/>.

- Escuela Virtual de Igualdad, de: <http://www.escuelavirtualigualdad.es/>.

- Federación Española de Municipios y Provincias (FEMP), de: <https://www.femp.es/>.

- Instituto Andaluz de la Mujer (IAM), de: <www.juntadeandalucia.es/institutodelamujer>.

- Instituto de las Mujeres, de: <https://www.inmujeres.gob.es/>.

- Instituto Vasco de la Mujer (Emakunde), de: <http://www.emakunde.euskadi.eus/inicio/>.

- Ministerio de Igualdad, de: < https://www.igualdad.gob.es/>.

- Observatorio de la Violencia machista en Bizkaia, de: <http://www.bizkaia.eus/Gizartekintza/Genero_Indarkeria/ca_index.html>.

- Portal estadístico de la Delegación del Gobierno contra la Violencia de Género, de: <https://estadisticasviolenciagenero.igualdad.gob.es/>.

- Portal web la Fundación Mujeres para el acceso al Banco de Buenas Prácticas para la Prevención de la Violencia de Género (BBPP), de: <http://bbpp.observatorioviolencia.org/>.

- Save the children, de: <www.savethechildren.es/>.

- Web de recursos de apoyo y prevención ante casos de violencia de género (WRAP), de: <https://wrap.igualdad.gob.es/recursos-vdg/search/SearchForm.action>.